20
VS
80의 사회

리처드 리브스

김승진 옮김

20
VS
80의 사회

상위 20퍼센트는
어떻게
불평등을 유지하는가

민음사

저자는 "아메리칸 드림은 살아 있지만, 중상류층인 우리가 그 꿈을 사재기하고 있다."라고 말한다. 한국식으로 표현하면 이렇지 않을까. "개천에서 용이 날 수는 있다. 그런데 개천물이 말라가고 있다."

—《경향신문》

이 책은 상위 20퍼센트의 위선과 불공정을 까발리며 고등 교육 등을 통해 부를 대물림하고 불평등을 고착화하는 행태를 고발한다. 출발점은 중상류층인 '우리'가 그동안 얼마나 유리하고 특권적인 위치를 차지하고 있었는지를 인정하는 것이다. 저자의 친구처럼 "나는 평일에는 불평등 문제를 비난하고, 주말과 저녁에는 불평등 강화에 일조해."라고 한탄만 해서는 세상이 바뀌지 않는다.

—《한겨레》

정치 이념적으로 좌파든 우파든 1퍼센트만 공격하는 것은 나머지 99퍼센트를 내 편으로 만들려는 계산에서다. 그러나 현재 불평등을 나타내는 지표들은 상위 20퍼센트와 나머지 80퍼센트 사이의 큰 격차를 드러내고 있다. 공동체의 미래를 보다 공정하게 가꿔야 한다는 데 동의하는 사람은 누구나 꼼꼼히 들여다봐야 할 책이다.

—《문화일보》

엄정성과 유머를 두루 갖춘 이 책은 열심히 노력해서 성공한 수백만 명의 미국인들이 어떻게 능력보다 배경이 더 중요한 사회를 만드는 데 일조했는지 보여 준다. 계층 이동성이라는 주제를 열정적으로 연구해 온 저자가 탄탄한 근거 자료를 토대로 집필했으며, 실천적인 해법을 제시하는 것도 소홀히 하지 않았다.

—《이코노미스트》

경고: 당신이 어떤 견해를 지녔든 간에 리브스의 책은 당신이 당연하게 여기던 생각 중 몇 가지에 도전할 것이다. 리브스는 아무런 해로운 의도가 없는 행동들, 심지어는 상당히 존중받을 만한 행동들이 어떻게 계급 간 위계를 고착하고 강화할 수 있는지 보여 준다.

— E. J. 디온 주니어, 『우파는 어쩌다가 잘못되었을까』, 『분열된 정치적 심장』 저자

적을 만났는데, 알고 보니 그 적은 바로 우리 자신이었다. 좋은 부모를 잘 골라 태어날 만큼 똑똑했던 우리, 그리고 이제는 포스트 산업 사회 미국에서 계층 사다리의 높은 자리에 앉아 있는 우리 중상류층 말이다.

—찰스 머리, 미국 기업 연구소 연구원

리처드 리브스는 현대사회를 옥죄고 있는 거대한 문제들에 대해 현명하고 통찰력 있고 믿을 만한 목소리를 내 온 학자다. 책은 오늘날 매우 긴요한 문제인 '불평등'을 다루며 실천 가능한 해법까지 논한다.

—《가디언》

미국의 불평등과 계층 이동성에 대해 가장 해박하고 가장 명료하게 글을 쓰는 학자로 꼽히는 리처드 리브스가 새롭고 중요한 관점을 담은 신간을 내놨다. 리브스는 현재 벌어지고 있는 정책 논의를 도발적으로 뒤집는다. 계층의 상향 이동성이 아니라 하향 이동성을 어떻게 높일지 묻는 것이다. 당신이 중상류층이라면 이 책을 꼭 읽기 바란다.

—로버트 퍼트넘, 하버드 대학 교수, 『우리 아이들』, 『나 홀로 볼링』 저자

차례

1.

문제는
상위 20퍼센트다

상위 20퍼센트인 중상류층의 규모와 그들이
집합적으로 가진 권력은 도시의 형태를 바꾸고
교육 제도를 장악하고 노동 시장을 변형시킬 수
있다. 또 중상류층은 공공 담론에도 막대한 영향을
미친다. 기자, 싱크 탱크 연구자, TV 프로듀서,
교수, 논객이 대부분 중상류층이기 때문이다.

2015년 1월 말 버락 오바마 대통령은 정치적으로 몹시 망신스러운 일을 겪었다. 그가 의회로 보낸 세제 개혁안이 의회에 도착하기도 전에 죽은 것이다. 그런데 법안을 죽인 사람은 오바마 대통령 자신이었다.

법안의 취지는 합리적이고 명료하고 진보적이었다. 주로 부유층 가구가 혜택을 입는 '529 대학 저축 플랜'(자녀의 대학 학비 마련을 용도로 불입하는 장기 저축 상품으로, 세제 혜택이 있다. ─옮긴이)의 세제 혜택을 없애고 그 재원을 더 폭넓고 공정한 세액 공제 시스템 확충에 사용하자는 것이었다. 법안을 짜는 것도 어렵지 않았다. 교수 출신 대통령이니 오죽 알아서 잘 만들었겠는가? 하지만 오바마는 미국 중상류층의 분노를 너무 과소평가했다.

개혁안이 발표되자마자 민주당 인사들은 조용히 반대 움직임을 조직하기 시작했다. 메릴랜드주의 크리스 밴 홀런 하원 의원 (지금은 상원 의원이다.)은 낸시 펠로시 민주당 하원 원내 대표에게 전화를 걸었다. 마침 펠로시는 오바마와 함께 대통령 전용기를 타고 인도를 출발해 사우디아라비아로 가는 중이었다. 비행기가 아라비아해 상공을 지나가는 동안, 펠로시는 개혁안을 철회하도록 대통령을 설득했다. 다음 날 백악관 대변인 에릭 슐츠는 529플랜이 대학 학자금 마련과 관련해 대통령이 추진하고자 하는 야심찬 개혁의 전체 그림에서 "빗나간 것"이었다고 논평했다.

이 사건은 합리적인 정책이 꼭 정치적으로 추진하기도 쉬운 것은 아니라는 점을 잔인하게 보여 준 사례였다. 정책에 대해 분석하고 논평하고 글을 쓰는 사람 거의 모두가 현 시스템에서 득을 보는 사람일 때는 더욱 그렇다. 펠로시와 밴 홀런 둘 다 부유하고 교육 수준이 높으며 진보 성향인 계층이 주로 사는 곳을 지역구로 두고 있다. 그들의 유권자 중 절반 가까이가 가구 연 소득이 여섯 자리 이상인 사람들이다. 내가 잘 안다. 우리 동네가 밴 홀런의 (하원 의원 시절) 지역구이기 때문이다. 바로 나와 내 이웃이 529플랜 계좌에 돈을 넣고 있는 사람들이다. 529플랜이 제공하는 세제 혜택의 90퍼센트 이상이 소득 기준으로 상위 25퍼센트에 속하는 가구로 들어간다.[1]

폴 월드먼이 《워싱턴 포스트》에서 지적했듯이, 오바마의 개혁안은 "화나게 만들면 가장 위험한 유권자 집단을 타깃으로 삼고" 있었다. 그 집단은 중상류층이며, 이들은 "영향력을 발휘할 수 있을 만큼 충분히 부유하고 당락을 좌우할 수 있을 만큼 충분히 수가 많다."[2] 529플랜 개혁안을 둘러싼 논란은 마치 엑스레이의 섬광처럼 미국 사회에서 가장 심각하고 중대한 파열이 어디에서 발생하고 있는지를 드러냈다. 그 파열은 중상류층(넓게 보아 상위 20퍼센트)과 나머지 사람들 사이에 있었다.

2016년 도널드 트럼프의 대선 승리도 미국 계급 구조의 몇몇 위험한 단층선이 어디인지를 드러냈다. 물론 2016년 대선 결과를 한 가지 원인만으로 설명할 수는 없으며, 앞으로도 오랫동안 정치학자와 사회 과학자 들이 데이터와 추세 들을 면밀히 분석하며 씨름해야 할 것이다. 그러나 밀려나거나 낙오되고 있다고 느끼는 수많은 중산층과 노동자 계급 유권자들, 특히 백인 유권자들이 트럼프의 큰 지지 기반이었다는 점만큼은 꽤 분명하다.

인종이 여기에서 매우 큰 역할을 했다. 많은 백인들이 자신의 자리를 유색인종이 빼앗고 있다는 (거의 완전히 틀린) 생각에 기반해 투표했기 때문이다. 잔인하게도 이전 선거에서 오바마가 승리한 것이 이런 잘못된 생각을 한층 더 강화했는지도 모른다. 트럼프 당선 후 《뉴요커》의 데이비드 렘닉과 나눈 인터뷰에서 오바마 자신도 다음과 같이 말한 바 있다. "미국 역사의 어느 시점에 나 같은 외양의 대통령이 나오는 것은 필연적인 일이었을 것입니다. 이름이 오바마가 아니라 곤잘레스였을 수도 있겠지만, 어쨌든 나처럼 생긴 대통령은 반드시 나오게 되어 있었을 것입니다. 인구 통계학적으로 예상되었던 것보다 내가 20년쯤 먼저 왔는지는 모르지요. 그런 면에서 조금 더 놀라운 일이기는 했을 것입니다. 그만큼 미국은 이 사실을 받아들이고 이해하기 위해 더 애를 써야 했겠죠. 분명 20년 뒤에 그랬을 것보다 더 많은 우려를 불러일으켰을 것이고, 어떤 사람들에게는 20년 뒤에 그랬을 것보다 더 많은 반발을 불러일으켰을 것입니다. 충분히 이해할 만한 일입니다."[3]

트럼프는 2016년 선거에서 인종 사안을 핵심에 놓음으로써 백인들의 불안을 활용했다. 백인 투표자의 절반 이상(58퍼센트)이 트럼프에게 투표했다. 하지만 계급도 매우 중요한 요인이었다. 트럼프는 대학을 나오지 못한 백인 투표자 중에서 3분의 2를 득표했는데(67퍼센트), 이는 중서부 경합주들에서 그가 아슬아슬하게 승리하는 데 크게 일조했다.

중상류층이 다른 이들을 다 제치고 저 멀리 앞서 나가고 있다고 많은 미국인이 느끼게 된 데는 몹시 타당한 이유가 하나 있다. 바로 사실이 그렇다는 점이다.

가구 소득 기준으로 상위 20퍼센트(연간 소득 11만 2000달러 이상)는 나머지와 뚜렷하게 분리되고 있다.[4] 이는 통장 잔고와 월급 액수 등에서 드러나는 경제적인 분리이지만 학력, 가족 구성, 건강과 수명, 심지어 시민 공동체 활동 등에서도 분명하게 차이가 나타난다. 경제 격차는 점점 더 깊어지는 계급 격차의 가장 가시적인 한 측면일 뿐이다.

불평등은 매우 열띤 정치 논쟁이 벌어지는 사안이다. 오바마는 불평등이 "우리 시대가 직면한 어려움의 본질"이라고 언급했는데, 실로 그렇다. 하지만 너무나 자주 불평등 담론은 상위 1퍼센트의 문제에만 초점을 맞춘다. 나머지 99퍼센트는 모두 비슷하게 불행한 처지라는 듯이 말이다. 1퍼센트의 최상류층에만 관심을 집중하면 중상류층인 우리가 다수 대중과 같은 배를 탔다고 믿기 쉬워진다. 하지만 그것은 사실이 아니다.[5]

트럼프가 어마어마한 갑부라는 것을 생각하면 그가 백인 중산층의 지지를 얻었다는 사실이 놀라워 보일 수도 있다. 하지만 선거에서 트럼프가 건드린 감수성은 돈이 아니라 계급에 대한 것이었다. 그는 블루칼라 분위기를 내뿜었고 그 문화에 정당성을 부여했으며 그럼으로써 사랑을 받았다. 트럼프 지지자들은 부자들에 대해서는 아무 유감이 없었다. 사실 그들은 부자들을 존경했다. 그들의 적은 부자가 아니라 중상류층 전문직 종사자들이었다. 기자, 학자, 기술자, 경영자, 관료들, 이름에 PhD, Dr, MD 같은 알파벳이 붙는 사람들, 그러니까 당신이나 나 같은 먹물들 말이다.

문제는, 얼마나 투박하게 표현되었든 간에 우리(중상류층)에 대한 사람들의 비판이 대체로 옳다는 데 있다. 우리는 플러스와 마이너스를 모두 따져 보면 자유 무역, 기술 진보, 국제 이주 등이 미국에 '순'이득을 가져온다고 말한다. 우리 자신은 플러스를 누리는 쪽에 안전하게 위치하리라는 것을 너무나 잘 알면서 말이다. 우리는 고도의 인적 자본으로 무장하고 있어서 글로벌 경제에서 성공하기에 유리하다. 우리가 사는 도시의 토지 용도 규제는 우리 동네의 집값을 지켜 주고 나머지 사람들에게는 진입 장벽을 만들게끔 되어 있다. 비전문직 종사자들은 치열한 시장 경쟁에 노출되어 있지만 우리는 전문 자격증 제도와 저숙련 일자리 쪽으로 치우친 이민자 정책 덕분에 격렬한 시장 경쟁에서 보호받는다. 우리는 자유 시장의 장점을 떠벌리지만 자유 시장이 일으키는 위험에서는 대체로 안전하게 보호받는다. 다른 사람들이 우리에 대해 분노를 느끼는 것은 놀랄 일이 아니다.

상위 20퍼센트인 중상류층은 상당히 많은 혜택을 받아 왔다. 이제는 그동안 우리가 얼마나 유리하고 특권적인 위치를 차지하고 있었는지 인정해야 할 때다. 여기에는 겸손, 염치 그리고 나누고자 하는 마음이 필요하지만, 문제 자체를 인식하는 것도 노력이 필요하다. 현재 미국 중상류층 사이에는 '나는 이만큼 누릴 자격이 있다.'는 인식이 팽배해 있다. 중상류층이 1퍼센트를 비난하며 '우리가 99퍼센트'라고 외칠 때처럼, 사람들은 대개 자기보다 더 잘사는 사람과 비교하기 마련이라는 점이 한 가지 이유일 것이다. 하지만 또 다른 이유가 있다. '나의 지위는 나의 능력(학력, 두뇌, 노력) 덕분이므로 마땅히 나의 것'이라고 확신하고 있는 것이다.

529플랜 개혁안에 쏟아진 분노가 이를 잘 보여 준다. 저명한 조세 전문가 하워드 글렉먼은 오바마 개혁안의 철회가 "오늘날 대부분의 입법가들이 개혁에 진지한 관심이 없다는 사실을 보여 주었다."라고 한탄했다.[6] 하지만 나는 이보다 더 심각한 것을 보여 주었다고 생각한다. 입법가들은 자신이 대변하는 유권자들의 견해와 언론의 논평들을 꽤 잘 반영했다. 문제는 중상류층이 자기 성찰에 진지한 관심이 없다는 데 있었다. 세제 정책의 변화를 일일이 챙겨 보지 않아 잊으셨을까 봐 설명하자면, 529플랜을 만들어 우리 중상류층에게 면세 혜택을 받으면서 돈을 불릴 기회를 준 것은 2001년 조지 부시 정부였다. (그 이전 빌 클린턴의 두 번째 임기 시절에 공화당에서 529플랜 안을 내놓았을 때 클린턴은 거부권을 행사했다). 부시 시절에 도입된 이 역진적인 세제가 이제는 중상류층에게서, 심지어 매우 진보적인 성향의 중상류층에게서도, 감히 빼앗을 수 없는 소중한 것이 된 것이다.

지금쯤 독자들은 내가 중상류층을 일컬어 '그들'이 아니라 '우리'라고 부르고 있다는 것을 알아차렸을 것이다. 나는 브루킹스 연구소의 선임 연구원이며 워싱턴 D.C.에 인접한 메릴랜드주 몽고메리 카운티의 부유한 동네에 산다. 그러니 이것은 내가 속한 계급에 대한 이야기다. 이 책은 다른 누군가를 이야기하는 불평등 책이 아니다. 이 책은 슈퍼 리치나 빈곤층에 대한 책이 아니라 나에 대한 책이고, 아마 당신에 대한 책이기도 할 것이다.

나는 영국에서 태어났지만 2012년부터 미국에 살고 있으며 2016년 말에 미국 시민이 되었다.(그리고 내 생일은 미국 독립 기념일이다.) 내가 미국을 새로운 조국으로 삼게 된 데는 여러 이유가 있지만 그중 중요한 이유는 '기회'에 대한 미국의 이상이었다. 영국에 살았을 때 나는 계급 장벽이 존재하는 사회가 너무 싫었고 계급 없는 사회라는 미국의 이상에 몹시 매료되었다. 그런데 새 조국의 계급 구조가 (특히 계급 사다리의 위쪽에서) 내가 떠나온 옛 조국보다 오히려 더 견고하다는 것을 깨닫고서 매우 낙심했다.

이 책에서 펴고자 하는 주장은 다음과 같다. 미국 중상류층은 나머지 대중으로부터 확연하게 분리되고 있다.(2장) 불평등은 어린 시절에 시작되며(3장) 세대를 거쳐 전승된다.(4장) 이러한 계급 분리는 노동 시장에서 가치가 인정되는 '능력'을 발달시킬 기회가 중상류층에 압도적으로 많기 때문에 발생한다.(5장) 하지만 중상류층이 불공정하게 기회를 '사재기'하기 때문이기도 하다.(6장) 불평등을 줄일 수 있는 방법은 존재하며(나는 일곱 가지 조치를 제시했다.) 이를 실행하는 데 필요한 비용의 상당 부분은 중상류층이 부담해야 한다.(7장) 이런 변화가 가능하려면 자신이 특권을 누리고 있다는 사실에 대한 중상류층의 각성이 그 무엇보다 절실히 필요하다.(8장)

책 전체를 다 읽지는 못할 독자들(책을 돈 주고 사셨다면 용서해 드리겠다.)을 위해 주요 내용을 아래에 요약했다.

상위 20퍼센트는 어떻게 불평등을 유지하는가

미국에서 상위 20퍼센트의 가구 소득(세전) 총합은 1979년에서 2013년 사이에 4조 달러 증가했다.[7] 같은 기간 하위 80퍼센트의 소득 총합은 3조 달러가 약간 넘게 증가했다. 하위 20퍼센트와 중위 20퍼센트 사이의 격차는 전혀 벌어지지 않았다. 사실 하위 80퍼센트 사이에서는 불평등이 증가하지 않았다. 불평등은 모두 그 80퍼센트 선을 기점으로, 혹은 그 위쪽에서 벌어졌다.

물론 상위 20퍼센트 안에서 소득 증가가 동질적이지는 않았다. 늘어난 소득 4조 달러 중 무려 3분의 1을 상위 1퍼센트가 가져갔다. 그렇긴 해도 바로 아래의 19퍼센트가 차지한 소득 증가분은 여전히 2.7조 달러에 달한다. 최상위 부유층에 들지 못한다고 해서 바닥 쪽 사람들과 비슷한 형편이라는 이야기가 되는 것은 아니다. 최상류층만이 아니라 그보다 꽤 넓은 층이 잘살며, 이들은 자신을 나머지 대중으로부터 뚜렷하게 분리시키고 있다.

이런 사실들을 접하면 중상류층은 마음이 불편해질 것이다. 미움받는 슈퍼 리치와 하나로 엮여 이야기되고 싶은 사람은 없을 테니 말이다. 최상류층과 꽤 가까이에 있는 사람들이 최상류층에 대해 가장 분노하는 것처럼 보일 때도 많다. 2011년 메이데이(5월 1일)에 '점령하라(Occupy)' 시위에 참여한 사람 중 3분의 1 이상이 연 소득 10만 달러가 넘었다.[8] 하지만 중상류층은 위를 쳐다보며 분노하고 부러워하기보다 계속해서 아래로 떨어지고 있는 사람들과 비교해 자신이 어떤 위치인지를 생각해 보아야 한다.

굉장히 진보적인 지식인들조차 우리가 거울을 들고 자신을 바라보도록 이끌려 하지 않는다. 진보 성향의 방송인이자 작가인 크리스토퍼 헤이스는 저서 『엘리트의 황혼(*Twilight of the Elites*)』(국내에서는 『똑똑함의 숭배』로 출간되었다.)에서 중상류층을 억울하게 손해 보는 계층으로 묘사했다.

> 중상류층은 석박사 학위, 주택(그것도 두 채), 좋은 대학
> 에 다니는 자녀, 여섯 자릿수 연봉을 가지고 있다. 하지만
> 이 계급은 유리 벽에 막혀 코가 짓눌린 채, 자신의 몫이어
> 야 마땅해 보이는 것들을 진짜 승자들이 점점 더 많이 가
> 져가는 것을 속절없이 바라보면서 좌절과 불만 속에 지
> 난 10년을 보냈다.[9]

중상류층이 좌절과 불만을 느끼고 있다는 점에서는 헤이스의 말이 맞을 것이다. 버니 샌더스의 좌파와 티파티(Tea Party, 조세저항을 중심으로 하는 미국 보수 세력의 운동)의 우파 모두에게 정치적 에너지의 상당 부분을 제공한 것은 중상류층이었다. 하지만 중상류층의 좌절이 정당하다고 암시한다는 점에서, 혹은 최상류층이 마땅히 중상류층의 몫이어야 할 것을 가져간다고 본 점에서 헤이스는 틀렸다. 2016년 선거 결과에서도 어느 정도 드러났듯이, 진짜 계급 격차는 최상류층과 중상류층 사이의 격차가 아니다. 진짜 격차는 중상류층과 그 아래 모든 사람들 사이에 존재한다.

정치인들도 그리 도움을 못 주기는 매한가지다. 민주당은 중상류층에게서 529플랜의 세제 혜택을 없앨 엄두를 내지 못했다. 또 몇몇 정치인은 미국의 소득 분포가 어떤 형태인지를 잘못 파악하고 있는 듯하다. 이를테면 말린 스터츠먼 하원 의원(인디애나주, 공화당)은 529플랜의 주요 수혜자가 "딱 중산층"이라고 말했다.[10] 정말 그런가? 529플랜 수혜자 대부분은 가구의 연 소득이 20만 달러 이상이다. 의원님, 그건 중간이 아니에요. 그 당시 가구 소득 중앙값은 5만 4000달러에 약간 못 미쳤다고요.

최상위에서 심화되고 있는 불평등을 간과해도 된다는 말은 아니다. 부가 최상위층에 극단적으로 집중되는 것을 우려해야 할 이유는 아주 많고, 그러한 부의 집중이 정치 과정에 미치는 영향과 관련해서는 우려해야 할 이유가 더 많다. 하지만 중상류층의 정치 권력 또한 비대하게 커졌다. 최상류층의 억만장자 개개인은 개별 정치인들에게 막대한 영향력을 미칠 수 있을 것이다. (도널드 트럼프는 아예 본인이 직접 정치인이 되었다.) 그러나 중상류층의 규모와 그들이 집합적으로 가진 권력은 도시의 형태를 바꾸고 교육 제도를 장악하고 노동 시장을 변형시킬 수 있다. 또 중상류층은 공공 담론에도 막대한 영향을 미친다. 기자, 싱크 탱크 연구자, TV 프로듀서, 교수, 논객이 대부분 중상류층이기 때문이다.

특권을 가지고 태어나는 아이들

중상류층 아이들은 보통의 아이들과 매우 다르게 자란다. 특히 그들은 노동 시장에서 높이 평가받는 기술, 재능, 자질, 학위 등을 쌓는 데 굉장히 유리하다. 공식적으로 술을 마셔도 되는 나이쯤 되면 앞으로 그들이 미국의 계급 사다리에서 어디를 차지하게 될지는 거의 명백해진다.

중상류층 부모가 자녀에게 쓸 돈이 더 많아서 그렇기도 하겠지만, 이것은 사회적인 측면의 분열이기도 하다. 계급은 돈으로만 규정되는 것이 아니라 학력, 태도, 거주지 등으로도 규정된다. 경제 수준뿐 아니라 삶의 방식에서도 차이가 난다. 로버트 퍼트넘이 저서 『우리 아이들』에서 경고했듯이, 오늘날 미국에는 "계급 아파르트헤이트가 생겨나고 있다."[11]

중상류층 아이들은 대개 양친이 있는 안정적인 가정에서 자라고, 부모 모두 교육 수준이 높으며, 좋은 동네에 살고, 인근에서 가장 좋은 학교에 다닌다. 또 다양한 재주와 능력을 계발하며 좋은 학위와 자격증을 딴다. 중상류층 아이들은 태어나면서부터 유리하다.

꽉 막힌 계층 간 이동성

나는 미국으로 귀화하기 위해 N-400서류(귀화 허가 신청서)의 제12부, 질문 제4번에 대해 동의한다는 서명을 해야 했다. 해당 질문의 내용은 다음과 같았다. "외국에서 가지고 있는 귀족 지위나 세습된 작위를 모두 포기할 의향이 있으십니까?"(안타깝게도 나는 포기할 것이 없었다.)

옳은 일이다. 세습된 지위라니, 몹시 미국적이지 않다. 나의 새 조국은 세습의 원칙에 반대하며 세워진 나라가 아니던가. 하지만 직위나 작위의 세습은 금지되어 있어도 미국에서 계급적 지위는 매우 강고하게 대물림되고 있다. 계층 이동성을 자랑스러워하는 나라치고는 너무 심하게 그렇다.

많은 정치인과 학자들이 미국에 '상대적 계층 이동성'이 부족하다고 우려한다. 실제로 미국은 상대적 계층 이동성이 낮은 편이다. (상대적 계층 이동성의 개념과 미국의 상황에 관해서는 4장을 참조하라.) 그런데 특히 두드러지는 점은 사다리의 맨 위쪽에서 계급의 대물림이 가장 견고하게 이뤄지고 있다는 사실이다. 계층 이동성 연구의 대가인 게리 솔론은 미국의 계층 이동성을 다음과 같이 설명했다. "빈곤의 덫, 즉 바닥 쪽의 계급 경직성보다는 '부의 덫'이라고 부를 만한 반대쪽 끝의 경직성이 더 큰 것으로 보인다. 무일푼에서 부자가 되는 사람이 부자에서 무일푼으로 떨어지는 경우보다 많을 것이며 …… 부유층의 자녀는 아래로 떨어지지 않도록 발밑을 받쳐 주는 더 탄탄한 안전망을 가지고 있는 것으로 보인다."[12]

여기에 명백한 악순환의 위험이 존재한다. 중상류층과 나머지 사이에 불평등이 증가하면 중상류층 부모는 아이가 계속 중상류층에 속하게 하려고 더욱 기를 쓰게 될 것이다. 우리는 우리 아이들이 아래로 떨어지지 않도록 '유리 바닥'을 깔아주는 데 갖은 노력을 들일 것이다. 이렇게 불평등과 계층간 비이동성은 서로를 강화하게 된다.

'하향 이동성'은 사람들이 좋아하는 개념이 아니다. 하지만 전체 인구 중 소득 분포의 상위 20퍼센트에는 언제나 전체 인구 중 20퍼센트만 속할 수 있다는 것은 부인할 수 없는 수학적 사실이다. '상대적' 계층 이동성은 필연적으로 제로섬 게임이다. 한 명이 소득 분포 사다리에서 위로 올라가면 누군가는 아래로 내려와야 한다. 아래로 내려오는 사람이 내 아이일 수도 있다. 부유한 아이들의 발밑에 유리 바닥을 깔아 하향 이동을 막으면 사다리 아래쪽 아이들에게는 유리 천장이 생겨 상향 이동 또한 막히게 된다. 우리 사회가 직면한 문제는 단지 계급이 분리되어 있다는 점이 아니라 계급 분리가 세대를 거쳐 영속화되고 있다는 점이다.

상류층의 계급 영속화를 일으키는 요인에는 두 가지가 있다. 하나는 '시장에서 인정되는 능력'이 계급에 따라 불평등하게 육성되는 것이고, 다른 하나는 부유한 사람들이 불공정하게 기회를 '사재기'하는 것이다.

기울어진 일자리 시장

시장경제에서는 시장에서 인정되는 능력을 가진 사람이 더 잘 성공할 수 있을 것이다. 뻔한 말로 들리는가? 하지만 여기에는 중요한 함의가 있다. 능력을 육성하는 것이 출생의 운에 좌우되고 매우 불평등하게 이뤄진다면, 굉장히 불공정한 사회에도 굉장히 능력 본위적인 시장이 존재할 수 있다.

노동 시장에서 인적 자본의 중요성은 점점 높아져 왔다. 브링크 린지는 이 과정을 "경제의 두화"라고 표현했다.[13] (두화 (cephalization)는 생물 진화의 과정에서 감각기관과 신경 등이 머리로 집중되는 과정을 일컫는다.) 그에 따라 교육은 중상류층 지위를 대물림해 재생산하는 주요 메커니즘이 되었다. 이것이 529플랜 개혁안에 그토록 맹렬한 반대가 일었던 이유다. 교육, 특히 대학 교육과 관련한 세제 혜택을 개혁 대상으로 삼음으로써 오바마는 '중상류층 종족'이 매우 신성하게 여기는 것을 위협했다. (한편 오바마 부부도 중상류층 종족에 속한다. 그들도 두 딸의 대학 학비 마련 용도로 529플랜 계좌를 개설했으며, 2007년 한 해 동안 불입한 금액만 해도 24만 달러나 된다.)

역사적으로 미국인들은 교육을 '평등을 일구는 가장 위대한 기제'로 찬양했다. 교육은 출신 배경과 상관없이 개개인이 스스로 삶의 경로를 결정할 수 있게 해 주는 길이었다. 글쎄, 전에 그랬던 때가 있었는지는 몰라도 오늘날에는 분명히 그렇지 않다. 특히 고등 교육은 오히려 '불평등을 일구는 기제'다.[14] 학사 학위가 대중화되자 중상류층은 기준을 더 위로 올렸다. 이제 중상류층 지위를 유지하는 데 중요한 것은 석박사 학위다.[15] 물론 대부분의 중상류층은 다른 이들을 착취해서가 아니라 자신의 재능을 최대한 활용해서 지위를 획득한다. 하지만 현 세대에서의 소득 격차가 다음 세대에서 기회의 격차가 된다면, 경제적 불평등은 영속적인 계급 격차로 고착된다.

부유한 사람들의 자녀 교육이 전적으로 좋은 의도에서, 또 전적으로 공정한 수단을 통해서만 이뤄진다 해도(뒤에서 보겠지만 그렇지 않은 경우도 많다.) 지위의 대물림이 발생할 수 있다. 이런 종류의 계급 경직성은 좋은 환경에서 태어나지 못한 사람들의 인적 자본이 사회적으로 충분히 활용되지 못하게 하고 그들의 재능이 고숙련 노동 시장에 진입하지 못하게 함으로써 시장의 역동성을 저해한다. 시장에서의 경쟁은 경제 성장과 번영에도 필수적이지만, 능력 본위 원칙에 따른 계층 이동 기회를 제공한다는 점에서도 중요하다. 하지만 이것은 시장이 보상하는 종류의 능력을 키울 기회가 모두에게 공정했다는 전제에서만 가능하다. 안타깝게도 현재 우리 사회에 존재하는 것은 '계층 이동성 없는 능력 본위주의'다.

경고의 목소리가 없지는 않았다. 일찍이 1959년에 마이클 영이 "능력 본위(meritocracy)"라는 신조어를 선보인 저서 『능력 지배 사회의 부상(The Rise of the Meritocracy)』(오늘날 meritocracy는 시스템의 속성을 지칭하는 '능력 본위제'를 주로 의미하지만 문자 그대로는 능력이 지배하는 통치체라는 의미다. 마이클 영의 저서 제목은 귀족정, 민주정 등과 대비되는 의미에서의 정치 체제를 지칭하는 의미가 강해, 능력 본위제가 아닌 '능력 지배'라고 옮겼다.)에서 "특정한 능력을 보유한 것으로 공인된 사람들이 다른 이들에게는 진입의 여지를 거의 주지 않는 새로운 계급을 형성하고 강화하는" 디스토피아를 묘사한 바 있으니 말이다.[16]

불공정한 기회 사재기 전략

중상류층이 지금의 지위를 열린 경쟁을 통해서만 얻은 것은 아니다. 우리는 기회를 사재기하는 데에도 열심이다. 유한하고 가치 있는 기회에 불공정한 수단으로 접근하면서 다른 이들의 접근을 막는 것이다. 이것은 우리에게 유리하도록 시장을 조작하는 것이나 마찬가지다.

우리가 기회를 사재기하면 우리 아이에게는 도움이 되지만 다른 아이들은 기회가 차단되어 피해를 본다. 우리 아이가 동문 자녀 우대로 대학에 가거나 연줄로 인턴 자리를 잡으면 다른 아이들은 그만큼 기회가 줄어든다. 이런 행위에 대해 '불공정'이라는 단어를 떠올리고 싶지 않을지도 모르지만, 그런 마음이 드는 것 자체가 우리에게 도덕적으로 큰 문제가 있음을 보여 주는 징후일 뿐이다. 너무나 많은 미국의 중상류층이 자신과 자녀의 성공을 전적으로 본인의 재능과 머리와 노력 덕분이라고 굳게 믿는다. 미식축구 코치 배리 스위처의 생생한 표현을 빌리면, 그들은 "삼루에서 태어났으면서도 자기가 삼루타를 친 줄 안다."

기회 사재기 메커니즘 중 특히 두드러지는 것으로 세 가지를 꼽을 수 있다. 첫째는 배타적인 토지 용도 규제, 둘째는 동문 자녀 우대와 같은 불공정한 대학 입학 사정 절차, 셋째는 알음알음 이뤄지는 인턴 자리 분배. 모두 중상류층 자녀에게 유리하도록 경기장을 기울인다. 브링크 린지와 스티븐 텔레스는 이를 "사로잡힌 경제"의 징후라고 보았고[17] 라이핸 살람은 이를 "기득권자 보호" 메커니즘이라고 표현했다.[18] 나는 이것을 중상류층 아이들에게 하향 이동의 위험을 막아 주는 "유리 바닥"이라고 부른다.

한 가지 분명히 해 두자면, 좋은 부모가 되는 것과 기회를 사재기하는 것은 엄연히 다르다. 중상류층 부모가 자녀를 위해 하는 많은 활동들(책을 읽어 주고, 숙제를 도와주고, 영양가 있는 음식을 만들어 주고, 스포츠 등 학과 외 활동을 지원해 주는 것 등)은 아이가 세상을 성공적으로 살아가는 데 필요한 것들을 갖추게 해 줄 것이고, 이는 아이가 성인이 되어서도 중상류층 지위를 유지할 가능성을 높여 줄 것이다. 다 좋은 일이고 칭찬할 만한 일이다. 중상류층 부모가 자녀에게 해 주는 것의 많은 부분은 사실 다른 부모도 모범으로 삼아야 마땅하다. 문제는 우리 중상류층이 경쟁의 판을 왜곡하는 방향으로 우리의 힘을 사용할 때 발생한다.

기회 사재기는 시장 조작이 경제에 해를 끼치는 것과 같은 방식으로 사회에 해를 끼친다. 부모가 자식의 성공을 바라는 것은 좋은 일이다. 경영자가 이윤을 추구하는 것이 좋은 일인 것과 마찬가지다. 하지만 경영자는 시장에서 공정한 경쟁을 통해 이윤을 얻어야 한다. 불공정한 카르텔을 규제하는 반독점법이 그래서 존재하는 것 아니겠는가? 마찬가지로 부모가 자기 자녀에게만 득이 되도록 시장을 조작하는 것은 막아야 한다. 하지만 오늘날 기회의 시장, 특히 주택 시장과 교육 시장은 중상류층에게 유리하도록 조작되고 있다.

변화는 상위 20퍼센트에게 달려 있다

기회 사재기를 막고 능력 육성의 기회를 평등하게 조성하기 위해 할 수 있는 일은 많다. 나는 이 책 말미에서 계급 격차를 줄이기 위해 시행할 수 있는 일곱 가지의 조치를 제시했다. 그중 네 가지는 인적 자본 개발의 기회를 평등하게 만들어서 시장에서 인정되는 능력이 더 공평하게 분배되도록 하기 위한 조치다. 더 나은 피임법을 통해 의도치 않은 임신을 줄이는 것, 가정 방문 복지 프로그램을 확충해 양육 격차를 줄이는 것, 훌륭한 교사들이 가난한 학교에서 일할 수 있도록 교사 임금 체계를 개선하는 것, 대학 학비 조달의 기회를 더 평등하게 만드는 것(그렇다, 529플랜 같은 것은 없어져야 한다.)이 여기에 속한다. 나머지 세 가지는 기회 사재기를 줄이기 위한 조치로, 보다 공정한 토지 규제를 도입해 배타적인 택지 구획을 없애는 것, 동문 자녀 우대제 폐지를 포함해 고등 교육 기회를 넓히는 것, 인턴 기회를 확대하는 것이다. 이 세 가지는 경쟁에 반하는 행위를 제약해 경쟁 자체가 더 공정하게 이뤄지도록 하기 위한 조치다.

이것이 해법의 전부는 아니다. 내 목적은 종합적인 해법 목록을 제시하는 게 아니라, 정치적 의지와 자금만 있다면 우리가 할 수 있는 일이 매우 많다는 것을 보여 주는 것이다. 물론 이런 정책에는 돈이 든다. 그 돈은 상당 부분 중상류층이 지불해야 하며, 우리에게는 충분한 지불 여력이 있다.

하지만 이런 노력은 중상류층의 강력한 저항에 부딪힐 것이다. 아주 약간 세금을 더 내자는 제안부터 맹렬한 반대를 불러일으킬 가능성이 크다. 따라서 마음과 태도의 변화가 매우 중요하다. 중상류층은 자신이 누리고 있는 특권을 인식해야 한다. 이 책이 우리가 거울을 들고 스스로를 바로 보는 데 조금이나마 도움이 되길 바란다. 이미 몇몇은 우리가 우리 아이를 위해 챙기는 특권과 그 때문에 다른 아이들이 박탈당하는 기회를 인식하고 '인지 부조화'를 느끼고 있다. 우리는 우리 아이들이 잘 살아가기를 원하지만 동시에 더 공정한 사회에서 살아가기를 원한다. 내 친구이자 동료인 E. J. 디온은 이렇게 한탄했다. "나는 평일에는 불평등 문제를 비난하고, 주말과 저녁에는 불평등 강화에 일조해."

친구나 동료들에게 이 책의 주제를 말하면 대화 자리는 고백의 장이 되곤 한다. 한 자선 재단의 고위 경영자는 자기 재단이 후원하는 단체에서 딸이 인턴 자리를 잡을 때까지만 이 책의 출간을 미뤄 주면 안 되겠느냐고 말했다.(물론 농담이었을 것이다.) 브루킹스 연구소의 한 동료는 동문 자녀 우대제를 활용해 셋째 아이를 아이비리그 대학 중 하나에 입학시켰다. 또 진보 성향의 한 칼럼니스트는 딸이 명문 사립 고등학교에 들어가지 못하자 유력 인사인 친구에게 전화를 걸었고, 그 친구는 마침 그 학교 경영진인 친지에게 전화를 넣어 주었다. 그의 딸은 그 학교에 입학할 수 있었다. 이들 모두 자신의 행동이 도덕적으로 옳지 않다는 것을 어느 정도는 알 만큼 사려 깊고 진보적인 사람들이다. 앞의 사례 모두에서 이들은 불공정한 방편을 동원해 자기 자녀가 득을 보게 했다.

우리 중 더 많은 사람이 디온처럼 인지 부조화를 느낀다면 이 책의 말미에서 내가 제안한 변화를 위한 정치적인 공간이 열릴 수도 있을 것이다. 변화는 중상류층에게 비용 부담을 비롯해 무언가를 내놓도록 요구한다. 따라서 우리 앞에 놓인 가장 중요한 질문은 우리가 다른 이들의 기회를 확장하기 위해 약간의 희생을 감수할 의사가 있느냐, 아니면 마음 깊은 곳에서는 사다리를 걷어차고 싶어 하느냐일 것이다.

오래전에 역사학자 제임스 트러슬로 애덤스는 집필 중인 책의 막바지 작업을 하면서 책 제목을 '아메리칸 드림'이라 지어야겠다고 생각했다. 그는 이 제목이 무척 마음에 들었지만, 출판사는 미국인은 실용적이라 꿈 운운하는 책은 사지 않을 것이라며 어리석게 굴지 말라고 조언했다.(그 책은 1931년 『미국의 서사시』라는 제목으로 출간되었다.) 그럼에도 '아메리칸 드림'이라는 구절은 그 책에서 튀어나와 우리의 일상어가 되었다. 애덤스는 아메리칸 드림을 다음과 같이 설명했다. "(아메리칸 드림은) 인간을 위해서가 아니라 계급의 이익을 위해 이전 문명들에서 오랫동안 구축되어 온 장벽의 제약을 벗어나, 남녀 모두가 인간 개인으로서 온전하게 성장하고 발전해 나갈 수 있으리라는 꿈이다."[19]

　이런 의미의 아메리칸 드림은 막대한 부나 명성을 좇는 꿈이 아니다. 아메리칸 드림은 쾌적한 동네에 있는 살기 좋은 집, 아이들이 다닐 좋은 학교, 꾸준히 오르는 소득, 은퇴 이후 생계와 그 밖의 소소한 즐거움을 누릴 수 있을 만큼 저축할 여유 같은 것이다. 아메리칸 드림은 화목한 가정을 유지하는 것이고 아이들이 좋은 대학에 가는 것을 보는 것이다.

　아메리칸 드림이 죽었다고, 또는 죽어 가고 있다고 선언하는 것이 미국 정치인들 사이에서 유행인 듯하다. 그러나 아메리칸 드림은 죽지 않았다. 아메리칸 드림은 살아 있고 건재하지만, 중상류층인 우리가 그 꿈을 사재기하고 있다. 그렇기에 이렇게 질문해야 한다. 우리는 그 꿈을 공유할 의지가 있는가?

2.

20 VS 80의 격차가
벌어지고 있다

상위 20퍼센트 중 최상위 1퍼센트를 제외한
19퍼센트는 현재 미국 전체 부의 절반 이상을
소유하고 있다.

계급 구분을 논하는 것은 몹시 미국적이지 않게 들린다. 미국의 자아상은 경제적 지위에 상관없이 누구나 동등한 도덕적 가치를 갖는 계급 없는 사회다. 이것은 세계가 미국에 대해 가진 이미지이기도 했다. 알렉시 드 토크빌은 미국인이 "어느 나라나 어느 시기에 비해서도 재산과 지능 면에서 더 평등하다."라며 "이는 평등하게 더 강하다는 의미"라고 말했다.[1]

　　미국은 봉건 잔재에 여전히 짓눌려 있는 구세계 유럽 국가들과 너무도 달랐다. 때때로 '계급 없는' 사회를 만들자고 주창할 필요성을 느낀 영국 정치인들은 "계급 없는 사회의 개척자이자 원형"(역사학자 데이비드 캐너딘의 표현)인 미국에서 영감을 얻곤 했다.[2] 오랫동안 유럽의 진보주의자들은 신세계의 사회적 관계를 부러워했다. 조지 오웰은 미국에는 "예속의 전통"이 없다고 예찬했다. 독일 사회주의자 베르너 좀바르트는 "유럽의 이미지를 몹시 흐리는, '상류 계급'에 굽실거리며 조아리는 행위가 미국에는 전혀 존재하지 않는다."라고 평했다.[3] 이는 사회주의 정치가 미국에서 좀처럼 뿌리내리지 못한 이유 중 하나이기도 하다. 사회주의가 대중에게 가졌던 호소력의 커다란(오웰에 따르면 "가장 주된") 원천이 계급 철폐의 약속이었는데, 그런 면에서 미국에는 철폐할 게 별로 없었던 것이다. 나는 「다운튼 애비」나 「더 크라운」 같은 영국 드라마가 미국에서 굉장히 인기 있는 이유도 드라마에 묘사된 계급사회가 미국인이 보기에 무척 이국적이고 이색적이어서라고 생각한다.

미국에 계급 구분이 덜 분명해 보이는 이유 중 하나는 다들 자신을 중산층이라고 생각하기 때문인 듯하다. 성인 10명 중 9명은 설문 조사에서 스스로 '중산층'이라고 답하는데,[4] 갤럽에 따르면 1939년에도 비율이 정확히 그랬다. 정치인들이 늘 중산층의 마음을 사고자 기를 쓰고 경쟁하는 것도 당연한 일이다.

하지만 최근 몇십 년 동안 상위 계층 사람들이 계급적 지위를 단단하게 다지면서, '중'산층의 범위가 그렇게 위까지 포괄할 수 있다는 편리한 허구는 더 이상 지탱하기 어려워졌고 이제는 '상'과 '하'를 붙여 세분화한 '중상류층'과 '중하층'이 더 유의미한 범주가 되었다.

계급은 돈으로 구분되지만 돈으로만 구분되는 것은 아니다. 계급 격차는 학력, 안전 및 안정성, 가족 구성, 건강 상태 등 삶의 모든 면에서 드러난다. 물론 각각에 나름의 불평등이 존재하지만, 돈, 교육, 부, 직업 등 다양한 영역에서의 불평등 요인들이 서로 단단히 결합해 하나만으로도 누가 어느 계급에 속하는지를 판단할 수 있을 때 불평등은 계급 격차가 된다. 그리고 계급적 특권과 지위가 세대를 이어 지속될 때 계급 격차는 고착된 계급 체제가 된다. 현재 미국에서 중상류층의 계급적 지위는 과거 어느 때보다, 또 다른 어느 나라에서보다 효과적으로 세습되고 있다.(3장 참조)

계급 분화가 다양한 영역을 아우를 때 생기는 한 가지 이점은 계급을 어떻게 정의할 것이냐를 두고 학제 간에 티격태격하던 것이 줄어든다는 점이다. 전통적으로 경제학자들은 소득과 부로 계급을 구분했고, 사회학자들은 직업 지위와 교육 수준에 초점을 두었으며, 인류학자들은 문화와 규범에 더 관심이 있었다. 하지만 이제는 이런 차이가 크게 중요하지 않다. 모든 추세가 같은 방향으로 가고 있기 때문이다.

지금쯤 당신은 어디서 다 들어 본 소리라고 생각할지도 모르겠다. 부유하고 학력이 높은 사람들이 사회 계층적으로 뚜렷이 분리되는 현상을 다룬 책이 이미 많은데 계급과 불평등에 대한 책을 또 한 권 내놓는 것은 쓸데없어 보일 수 있다. 하지만 나는 지금까지 이 주제를 다룬 몇몇 주요 저서가 현재 벌어지고 있는 계급 분화를 부정확하게 진단했다고 생각한다. 어떤 학자들은 슈퍼 리치나 상위 1퍼센트에만 초점을 두어 중상류층의 (그러니까 나나 당신의) 책임을 쏙 빼놓는다. 예를 들어 경제사 분야의 신예 스타 학자 토마 피케티의 논의에서 불평등은 상위 1퍼센트의 문제다.

이보다 범위를 약간 넓게 잡는 학자들도 있다. 찰스 머리는

『분열되다』에서 미국에 경영직, 전문직, 언론사 고위직 등에 종사하는 사람들(과 그들의 배우자들)로 구성된 '신상류층'이 존재한다고 주장했다. 머리에 따르면 신상류층은 경제적 지위만큼이나 엘리트 문화(취향이나 선호)로도 다른 사람들과 확연히 구별되며, 인구의 5퍼센트 정도를 차지한다.

한편 로버트 퍼트넘은 『우리 아이들』에서 훨씬 더 넓은 집단을 염두에 두었다. "내가 '상류층' 가구 자녀들이라고 말할 때, 이는 부모 중 적어도 한 명이 대졸자인 경우를 뜻한다.(보통은 둘 다 대졸자다.)" 퍼트넘의 추산으로 이들은 "인구의 3분의 1 정도를 차지한다."[5] 그런데 이 책에서 정작 관심을 두는 부분은 상위가 아니라 하위 3분의 1이다. 퍼트넘은 하위 3분의 1이 심각하게 뒤처지고 있는 상황을 우려했다.

이들이 모두 동의하는 것이 하나 있다. 1퍼센트든, 5퍼센트든, 30퍼센트든 간에 사다리의 위쪽을 일컫는 명칭으로 '상류층'이 적합하다고 본 것이다. 일리는 있다. 무엇보다 이 명칭은 단순히 맨 위를 의미하므로 알아듣기가 쉽다. 나의 편집자도 상류층이라는 용어를 쓰는 게 어떻겠냐고 제안했다. 하지만 나는 더 길고 투박하더라도 '중상류층'을 쓰겠다고 고집했다. 의미상의 이유만이 아니라 불평등 문제를 '상류층의 문제'로 상정하면 중요한 지점을 놓치게 된다고 생각했기 때문이다. 대부분은 상류층을 맨 위쪽의 얇은 층이라고 생각하지만 실제로 지각판은 그보다 아래쪽에서 분리되고 있다. 멀어지고 있는 것은 1퍼센트만이 아니라 20퍼센트다.

그림 2. 1이 보여 주듯이 미국 성인 중 매우 소수(1~2퍼센트

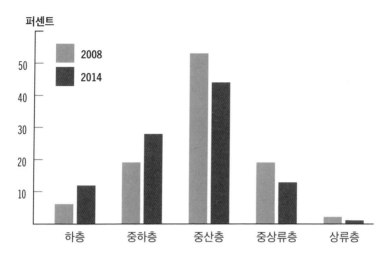

퍼센트

- 2008
- 2014

하층 | 중하층 | 중산층 | 중상류층 | 상류층

—— 그림 2.1 중산층의 나라

출처: January 2014 Political Survey (Washington, D. C.: Pew Research Center for the People and the Press/*USA Today*, 2014).
(www.people-press.org/files/legacy-questionnaires/1-23-14%20 Poverty_Inequality%20topline%20for%20release.pdf.)
해당 설문의 문항은 다음과 같다. "보기에 제시된, 일반적으로 쓰이는 사회 계층 범주 중 당신이 어디에 속한다고 생각하십니까? 보기: 상류층, 중상류층, 중산층, 중하층, 하층"

정도)만이 스스로를 상류층이라고 생각한다. 그리고 소수이지만 꽤 상당한 규모(7명 중 1명꼴)는 스스로를 중상류층이라고 묘사한다. 이 규모는 대부분의 사회학자들이 중상류층을 전문직과 경영자 직군으로 규정하고 추산한 규모(노동 연령대 인구의 15~20퍼센트)와 대략 일치한다.

계급에 대한 자기 규정은 사람들이 계급 사다리에서 스스로의 위치를 어떻게 생각하는지 알 수 있다는 점에서 연구의 좋은 출발점이다. 하지만 분석을 위해서는 더 객관적이고 측정 가능한 데이터가 필요하다. 어떤 데이터를 선택할 것인가? 앞에서 나도 언급했듯이 계급이란 미묘하고 계속해서 달라지는 경제적, 사회적, 교육적, 태도적 요인들의 혼합이므로, 이것은 매우 어려운 문제다.

계급의 범주를 나누는 가장 깔끔한 기준은 소득이다. 시계열 변화를 추적하기 쉽고 개인 간, 가구 간의 비교도 용이하기 때문이다. (내가 주로 경제학자들과 협업하기 때문이기도 하다.) 또한 소득은 철학에서 말하는 "도구재(instrumental good, 본질재(intrinsic good)와 대비되는 개념으로, 그 자체로 가치를 갖는 것이 본질재라면 다른 무언가를 위한 수단으로서 가치를 갖는 것은 도구재다.)"라서 다른 유용한 것들을 획득할 수 있는 수단이 된다. 이 2장에서는 미국에서 상위 20퍼센트(소득 기준)와 나머지 사이에 경제적 격차가 점점 더 벌어지고 있으며, 소득 이외의 다른 측면에서도 상위 20퍼센트가 스스로를 다른 이들과 구별짓고 있다는 것을 살펴보고자 한다.

자료로 들어가기에 앞서 짚어 둘 점이 하나 있다. 미국에서 계급 분화가 심화되고 있다고 해서 인종이나 젠더에 따른 불평등이 사라졌다는 말은 아니다. 최근 흑인의 상대적 지위는 악화되었다.[6] 또 계급의 재생산 메커니즘에 접근할 수 있느냐가 인종에 따라 달라진다. 즉 계급 격차와 인종 격차는 서로를 강화한다. 젠더 격차도 전혀 사라지지 않았다. (이제 젠더 문제에서 해결해야 할 가장 큰 과제는 '남성이 어떻게 적응할 것인가'일지도 모르지만 말이다.[7]) 그렇더라도 전반적으로 인종, 성적 지향, 젠더 등에 따른 격차는 '정체성 정치'가 꾸준히 승리를 거두면서 줄어들고 있다. 그런데 그동안 (특히 경제 수준, 학력, 가족 구성, 주거지, 건강 및 수명이라는 다섯 개 영역에서) 계급 장벽은 점점 높아졌다.

상위 20퍼센트는 점점 더 부유해진다

미국의 경제 불평등에 대한 논의에 반복적으로 등장하는 두 개의 중심 주제가 있다. 하나는 빈곤이 타파되지 않고 계속 존재한다는 것이다. 100년 전에 윌리엄 듀보이스가 "달러의 나라"라고 부른 미국에서 말이다.[8] 아무도 우리가 빈곤과의 전쟁에서 승리했다고는 말하지 못할 것이다. 공식 통계에 따르면 미국 인구 중 15퍼센트가 빈곤 상태다.[9] 하지만 졌다고 말하기도 어렵다. 빈곤율은 1959년 이래 7퍼센트포인트 떨어졌다. 대체로는 저소득층에 대한 정부의 이전(移轉) 지출이 증가한 덕분이었다. 빈곤과의 전쟁에서 이겼는지 졌는지에 대해 가장 공정하게 결론을 내리려면 제비를 뽑아야 할 것 같다.

두 번째 주제는 최근 들어 특히 눈에 띄는데, '최상류층', '슈퍼 리치', '상위 1퍼센트' 등으로 불리는 맨 꼭대기에 부가 막대하게 집중되고 있다는 것이다. 소득 분포의 위쪽으로 갈수록 격차는 점점 더 크게 벌어진다.

종합하면 미국은 빈곤이 끈질기게 사라지지 않는 나라이면서 극단적인 부자들이 존재하는 나라다. 그런데 여기에 빠진 이야기가 있다. 맨 꼭대기 1퍼센트의 바로 아래에 있는 (그리고 때때로 맨 꼭대기 1퍼센트에 진입하기도 하는) 19퍼센트와 그 아래 80퍼센트 사이 경제적 분리가 꾸준히 진행되고 있다는 점이다. 물론 경제적 분리의 정도는 최상류층으로 갈수록 심하고, 특히 상위 1퍼센트에서 가장 크다. 하지만 전체 그림을 보면 상위 20퍼센트 전체가 사회의 나머지로부터 멀어지고 있다. 상위 20퍼센트(2014년 가구 소득 11만 2000달러 이상[10])와 나머지 80퍼센트 사이의 격차는 미국의 경제와 사회 모두에서 드러나는 '대격차(Great Divide)'라 해도 무방할 것이다.

먼저 소득을 보자. 소득 불평등의 원인과 규모에 대해서는 의견이 분분하지만 이견 없이 분명한 사실이 하나 있다. 미국의 소득 불평등은 '위쪽이 멀어지는 현상'이라는 사실이다. 빌 게일, 멜리사 키어니, 피터 오재그가 설명했듯이 "미국의 막대한 소득 불균형은 고소득 가구가 중위 및 하위 소득 가구로부터 크게 멀어진 데 기인한다."[11]

지난 30~40년 동안 미국에서 소득 불평등은 확대됐다. 그런데 위쪽에서만 확대됐고 아래 80퍼센트 사이에서는 확대되지 않았다. 명백한 단층선은 80퍼센트 선이다. 이는 데이비드 그러스키가 최근에 수행한 연구에서도 확인되었다. 이 연구에 따르면 "오늘날 전문직-경영직 계급과 나머지 계급 사이의 소득 격차는 매우 큰 반면 나머지 계급들 내에서의 소득 격차는 1979년에 비해 그리 달라지지 않았다."[12]

이러한 전체 그림은 지난 35년간 소득 집단별 실질소득 추

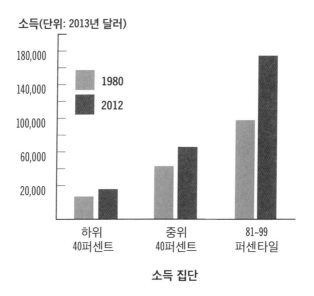

소득(단위: 2013년 달러)

―――― 그림 2. 2 소득 집단별 실질 소득

출처: 의회 예산국(CBO)이 2016년 6월에 펴낸 「가구 소득 분포와 연방 조세, 2013년(*The Distribution of Household Income and Federal Taxes*, 2013)」의 보충 자료에서 제공된 정보로, 1979~1981년과 2011~2013년 각각의 세전 가구 소득 평균치를 활용했다.

이를 나타낸 그림 2. 2에서 볼 수 있다. 사실 '전체' 그림은 아니다. 상위 1퍼센트는 제외한 그래프이기 때문이다. 맨 오른쪽 두 개의 막대는 상위 20퍼센트가 아니라 소득 분포에서 81~99퍼센타일 구간을 의미한다. 상위 1퍼센트까지 포함하면 격차는 더 벌어진다. 가장 큰 폭으로 소득이 증가한 곳이 상위 1퍼센트이기 때문이다. 그래서 '점령하라' 운동 시위대는 상위 1퍼센트를 타깃으로 삼았고, 대선 후보였던 힐러리 클린턴을 비롯해 많은 민주당 정치인들 역시 주로 상위 1퍼센트에 초점을 두었다.

하지만 이것은 잘못이다. 상위 20퍼센트가 최근 몇십 년간 가장 큰 폭의 소득 증가분을 가져갔다는 것은 명백하며, 상위 1퍼센트를 빼도 그렇다.[13] 1979년에서 2013년 사이 상위 1퍼센트의 소득(세전) 총합은 1.4조 달러 증가했고 그 바로 아래 19퍼센트의 소득 총합은 2.7조 달러 증가했다. '최상류층'의 총소득 증가분 1달러당 '중상류층'의 총소득은 2달러씩 증가한 것이다.[14]

상위 1퍼센트가 주된 초점의 대상이 아니어야 하는 이유가 또 있다. 상위 1퍼센트는 고정된 집단이 아니라 구성원이 계속 달라지는 집단이다. 세인트루이스 워싱턴 대학의 마크 랭크에 따르면 최상류층은 별도의 집단이라기보다 상위 20퍼센트 사람들이 들락날락하는 집단이라고 볼 수 있다.[15] 랭크는 연 소득 25만 달러 이상인 가구를 조사했는데 매년 이 집단은 인구의 2퍼센트에 못 미치는 정도를 차지했다. 그런데 평생 중에 적어도 1년 이상 여기에 속하는 사람은 인구의 20퍼센트나 되며, 이러한 '일시적인 최상류층'의 대다수는 생애 대부분의 기간을 상위 20퍼센트 속에서 살아간다. 다른 말로 하면 상위 1퍼센트는 '그들'이 아니라 '우리들' 중 잘나가는 시기에 있는 사람들이라는 뜻이다.

상위 1퍼센트를 그대로 놔둬도 좋다는 말이 아니다. 상위 1퍼센트는 세금을 더 많이(훨씬 더 많이) 내야 한다. 또 그들이 현행 세법이 요구하는 만큼의 세금마저 회피하기 위해 돈을 이리저리 옮기거나 해외로 빼돌리는 것도 막아야 한다. (그럴 필요가 있는지에 대해 아주 조금이나마 있었을지 모르는 의구심은 2016년 이른바 파나마 보고서(역외 조세 도피 실상을 드러냈다.)가 누출되면서 말끔히 해소되었다.)
하지만 부자들과 나머지 사이의 격차를 유의미하게 줄이고자 한
다면 '부자들'을 더 넓게 봐야 한다. 중상류층인 우리는 심화되는
불평등의 피해자가 아니다. 우리는 수혜자다.

중상류층의 소득 증가는 부의 증가로도 이어졌다. 사실 소득
과 부의 연관은 점점 더 강해졌다. 오늘날 부유층이 가진 부는 부모
에게 물려받았다기보다 사업체를 잘 키워서 매각했거나 고액의 연
봉을 받아 그중 상당 부분을 저축하고 투자해서 마련한 것일 가능
성이 크다. 복리의 마법 덕분에 돈은 돈을 낳는다. 따라서 부의 불평
등이 소득의 불평등보다 빠르게 증가한다는 것은 놀랄 일이 아니다.
부를 기준으로 했을 때 상위 20퍼센트의 가구가 평균적으로 소유
한 부는 1983년에서 2013년 사이에 83퍼센트 증가했다. 반면 나머
지 사람들은 부의 증가 폭이 훨씬 미미했고, 부가 줄어들기도 했다.[16]

소득과 마찬가지로 부가 가장 크게 증가한 곳도 상위 1퍼센
트다. 상위 1퍼센트는 현재 미국 전체 부의 37퍼센트를 소유하고
있는데 1960년의 33퍼센트보다 비중이 커진 것이다.[17] 하지만 중
상류층의 부도 상당히 증가했다. 경제학자 에드워드 울프의 추산
에 따르면 상위 20퍼센트 중 최상위 1퍼센트를 제외한 19퍼센트
는 현재 미국 전체 부의 절반 이상을 소유하고 있다.

부는 포착하고 측정하기가 어렵기로 악명이 높으며 꼭대기
쪽에서는 더욱 그렇다. 그래서 부의 불평등에 대한 추산치는 '추
산'치일 수밖에 없다.[18] 그렇더라도 매우 불평등하다는 패턴만큼
은 분명하다. 부유층을 비난하려는 게 아니다. 고소득 가구가 많이

저축하고 투자하면 그들에게만 좋은 것이 아니라 경제에도 좋다. 여기에서 내가 말하려는 바는 소득 불평등과 부의 불평등의 관련성이 점점 더 강해지고 있다는 사실이다.

또 중상류층 가구는 대개 부를 연금, 금융 상품, 부동산 등 여러 자산에 분산시켜 둔다. (재무 컨설턴트들은 이렇게 '균형 잡힌 자산 포트폴리오'를 권장한다.) 이와 달리 일반적인 미국인은 재산이라곤 집 한 채가 전부이거나 그마저도 가지고 있지 못하다.[19] 이는 주택 시장 불황기에 상위 20퍼센트 가구가 더 안전하다는 의미다. (2008년) 금융 위기가 왔을 때 주택 시장의 거의 모든 영역에서 자산 가치가 크게 떨어졌지만 소득이 낮은 가구가 더 크게 타격을 받았다. 자산 달걀을 전부 주택 바구니에 담았던 것이 한 이유였다.

요컨대 부를 기준으로 했을 때 중상류층이 나머지와 점점 더 분리되는 현상은 소득 면에서의 분리를 반영하기도 하고 강화하기도 한다. 이것은 최상류층만의 현상이 아니다.

그렇다면 중상류층의 경제적 분리를 일으키는 요인은 무엇일까? 짧게 답하자면 임금과 배우자(아내)다. 인적 자본에 대한 수익이 높아지면서 고소득층의 임금은 계속 증가해 왔다. 동시에 고학력 여성들이 고학력 남성들과 함께 소득 사다리의 꼭대기에 진입했고 그들과 결혼했다.

소득 격차를 거울처럼 반영하면서 임금 격차도 벌어졌다. 여기에서도 임금 분포의 꼭대기로 갈수록 격차는 더 크다. 1979년 이래 하위 80퍼센트의 연평균 실질 임금은 아주 미미하게 올랐지만 상위 20퍼센트의 실질 임금은 58퍼센트나 증가했다.[20] 2008년 금융 위기 이후 막대한 보수와 거액의 퇴직금으로 논란을 불러일으킨 상위 1퍼센트를 제외하더라도, 19퍼센트의 임금 소득은 평균적으로 44퍼센트의 증가를 보였다.

임금 격차를 일으키는 요인이 무엇인지에 대해서는 여러 가지 설명이 있다. 노조의 쇠퇴, 완전 고용 정책의 폐기, 세계화로 인한 노동 시장에서의 경쟁 증가, 이민자 유입이 임금에 미친 하방 압력, 그리고 다음과 같은 근사한 표현으로 이야기되는 "숙련 편향적 기술 진보(skill-biased technological change)" 등등. 학계에서는 이러한 다양한 요인 중 시기마다, 집단마다 무엇이 상대적으로 더 중요한지를 두고 맹렬하게 논쟁을 벌인다. 하지만 교육과 숙련이 매우 중요한 요인이라는 사실만큼은 분명하다. 지난 몇십 년간 노동 시장에서 교육이 갖는 가치가 크게 증가했기 때문이다. 경제학자데이비드 오터는 대학 졸업장이 가져다주는 소득 프리미엄의 급격한 상승이 어쩌면 "불평등 심화에 (상위 1퍼센트의 소득 증가보다도) 더 크게 기여한 요인"일 것이라고 말했는데, 여기에 이견을 제기할 사람은 별로 없을 것이다.

고학력은 지위의 상징

중상류층의 소득은 이들이 고학력이라는 점과 관련이 있다. 노동 시장이 어떻게 변화해 왔는지를 생각해 보면 놀랄 일도 아니다. 인구 대다수의 교육 수준이 전반적으로 높아지는 가운데서도 학력 수준과 소득 수준의 관련성은 더 강해졌다. 소득 상위 20퍼센트의 가구에 속하는 성인은 대부분 대졸이고(그림 3. 3을 참고하라.), 여기에는 대졸 여성의 증가가 크게 기여했다. 그런데 대졸자가 많아지면서 학사 학위는 중상류층 지위를 드러내는 표식으로서 전만큼 가치를 가질 수 없게 되었다. 다행히 간단한 해법이 있었으니, 바로 석박사 학위다. 학사 학위가 일반화되면서 중상류층 진입의 표식으로서 석박사 학위가 갖는 중요성은 점점 커졌다.[21]

같은 수준에서 배우자를 고른다

중상류층의 경제 수준이 높아진 것은 임금만의 결과가 아니다. 배우자도 매우 중요한 요인이었다. 대부분의 중상류층 가구에는 두 명의 고소득자가 존재한다. 가정은 이미 오래전에 생산의 주요 단위로서의 기능을 멈췄지만, 구성원들 간에 소득과 비용을 공유하는 도구로서는 여전히 효과적으로 기능하고 있다. 문제는 이런 측면에서의 이득 역시, 학력, 가족 구성, 안정성 등에서의 격차 때문에 위쪽으로 쏠린다는 점이다. 사회 전체적으로는 결혼율이 낮아졌고 한부모 가정도 많아졌지만 중상류층에서는 아직 이런 추세가 그리 두드러지게 발견되지 않는다.

대학을 나온 미국인들은 결혼을 포기하기는커녕 부지런히 가정을 현대 사회에 맞게 탈바꿈시키고 있다. 지식 기반 경제에서의 육아 기계로 말이다.[22] 이사벨 소힐의 연구 팀에 따르면, 오늘날 미국에서 결혼 여부는 소득과 학력에 따라 크게 차이가 난다. 한부모 가구 비중도 그렇다.[23] 상위 20퍼센트 가구에 속하는 25~35세 인구 중 한부모 가구 비중은 1980년의 3퍼센트에서 오늘날 9퍼센트로 증가했지만 다른 계급에 비하면 여전히 매우 낮다. 이를 테면 하위 40퍼센트의 경우에는 25~35세 인구 중 한부모 가구 비중이 1980년에 20퍼센트였고 지금은 40퍼센트나 된다.[24]

중상류층 가정은 상당히 안정적으로 유지되는 경향을 보인다. 하지만 저소득층 가구의 가족 구성은 매우 복잡하며 중산층 가구도 그렇게 되어 가고 있다. 저소득층 성인 대부분은 자녀를 키우는 동안 배우자나 애인이 여러 번 바뀐다. 이 경향을 사회학자 앤드루 철린은 "결혼 회전목마"라고 불렀다. 이사벨 소힐이 저서 『속박 풀린 세대: 결혼 없이 어쩌다 부모가 되다』에서 지적했듯이, "오늘날 미국의 계급 구조에서 가족 형태는 새로운 단층선이다."[25]

가정은 위험과 자원을 분산하고 공유하는 기능을 한다. 따라서 남녀 모두에게 소득 격차는 결혼 기회의 격차로 한층 더 강화된다. 미국에서 고학력자는 단지 '결혼할 가능성'만 높은 것이 아니라 '그들끼리 결혼할 가능성'이 높다. 이는 "동류 짝짓기(assortative mating)"라는, 무척이나 낭만적이지 못한 표현으로 불린다. 간단히 말하면 대졸자는 대졸자와 결혼한다는 것이다. 학력이 어느 정도 두뇌를 반영하고 두뇌가 어느 정도 아이에게 유전된다면, 동류 짝짓기는 중상류층의 이점을 한층 더 강화하게 될 것이다. 마이클 영이 말했듯이 "사랑은 생화학의 최고 비서"다.[26] 그리고 최근에는 온라인 데이트 사이트가 이 과정에 매우 유용한 알고 리즘을 보태 주었다.

온라인 데이트 사이트를 둘러보고 싶지 않다면 강의실을 둘러보면 된다. 2013년 봄에 프린스턴 대학 출신 수전 패튼(1977년 졸업생 대표였다.)은《데일리 프린스토니안》에 쓴 글에서 후배 여학생들에게 다음과 같은 조언을 했다가 여론의 십자포화를 맞았다. "아무도 알려 주지 않는 것을 알려 드릴게요. 졸업하기 전에 캠퍼스에서 남편감을 찾으세요. 졸업하고 나면 당신에게 걸맞은 남자가 이렇게 모여 있는 환경에 절대로 다시 있을 수 없습니다."[27]

패튼은 오지랖꾼, 엘리트주의자, 반페미니스트라고 맹비난을 받았다. 대학 때 남편감을 찾으라는 조언은 너무 구시대적으로 들릴지 모른다. 하지만 패튼의 조언 중 핵심인 "당신에게 걸맞은 남자와 결혼하라."라는 부분은 ('걸맞음'을 소득과 교육 수준으로 말할 수 있다고 볼 때) 이미 대부분의 대졸 여성이 명심하고 있는 바다. 대졸자-대졸자 부부는 1960년 3퍼센트에서 2012년 22퍼센트로 늘었다. (물론 여성 대졸자가 많아진 것이 큰 요인이다.[28])

대졸자가 두 명 있는 가구는 고소득을 올릴 수 있는 능력도 두 배다. 따라서 가구 간 소득 격차가 더 커진다. 일하는 여성의 증가, 가족 구성의 변화, 동류 짝짓기의 증가가 결합해 소득 격차는 점점 더 벌어졌다. 게리 버트리스는 미국에서 1979~2004년 사이에 증가한 소득 불평등 중 10~16퍼센트가량이 "남편 소득과 아내 소득의 상관관계가 커진 데서 기인한다."라고 추산했다.[29]

대졸자가 두 명인 가구는 자녀에게 투자할 돈도 더 많을 것이다. 아이를 좋은 사립 학교에 보내거나 최고의 공립 학교가 있는 동네에 집을 살 수 있을 것이다. 또 교육 수준이 높은 부모는 시간을 더 융통성 있게 조절할 수 있는 일자리를 가지고 있을 가능성이 커서 일과 가정생활의 균형도 더 잘 맞출 수 있을 것이다. 반면 교육 수준이 낮은 부모(또는 한부모)는 불안정하고 유연성을 허용하지 않는 노동 여건에 처해 있을 가능성이 크다. 임금도 낮을 것이고 따라서 아이를 좋은 학교에 보낼 수 있는 기회도 적을 것이다. 이 모든 것이 아동기의 경험에 큰 격차가 존재하며 그 격차가 점점 더 벌어지고 있다는 사실을 말해 준다. 이는 세대 간 계층 이동성에 대해 명백히 우려스러운 함의를 갖는다.

노벨상을 수상한 경제학자 제임스 헤크먼은 부모 잘못 만나는 것을 "가장 큰 시장 실패"라고 불렀다. 중상류층 가정에서 태어난 아이는 이 '시장 실패'를 성공적으로 피한 셈이다.[30]

이웃도 끼리끼리

살펴보았듯이 중상류층은 자신과 비슷한 배우자를 만난다. 이에 더해 중상류층은 점점 더 비슷한 사람들끼리 이웃이 되는 경향을 보인다. 미국에서 주거지의 인종별 분리는 약간 낮아지는 추세지만 소득별 분리는 심화되고 있다.[31]

정책 결정자들은 주로 빈곤층의 주거지가 고립되는 현상에 관심을 기울인다. 실제로 빈곤한 주거지에 살면 삶의 기회가 축소된다는 것을 보여 주는 실증 근거는 매우 많다.[32] 하지만 소득 분포의 위쪽에서도 매우 깊은 지리적 분열이 발생하고 있다. 오늘날 대중과 점점 더 분리되고 있는 것은 부유한 사람들이다.[33]

이렇듯 중상류층의 분리는 점점 더 물리적인 형태로도 드러나고 있으며 이는 자가 영속적인 현상이 될 가능성이 크다. 롤프 펜달은 빈곤이 집중된 동네는 "투자가 이뤄지지 않고, 범죄가 증가하며, 거주자와 기업이 기회만 있으면 더 좋은 곳으로 이탈하는" 악순환에 갇히게 된다고 말했다.[34] 그래서 가난한 지역은 계속 가난하다. 그런데 펜달은 상위 계층에서는 같은 식의 변화가 이보다도 더 두드러진다고 설명했다. 물론 방향은 반대다. 부유한 지역은 더 부유해진다.

중상류층 가구들이 특정한 동네에 모이게 되면 계급 분열이 한층 더 심화된다. 예를 들어 학군에 따라 학생을 배정받는 학교들도 점점 지역 사람들의 계층대로 사회적 격차를 보이게 된다. 또 지리적 분리는 사회적 자본의 형성에도 큰 영향을 미친다. 지역사회 모임, 클럽, 교회부터 비공식적인 네트워크에 이르기까지 공동체적, 시민적 유대를 형성하는 통로도 계층에 따라 달라지게 되는 것이다.

《이코노미스트》는 "노동자 계급 가구는 한 동네에 살아서 직접 아는 친구를 사귀는 경향을 보이지만, 전문직 가구는 더 넓은 범위의 지인을 갖는 경향을 보인다."라고 보도했다. "무언가 해결해야 할 문제나 따내야 할 기회가 있을 경우, 전문직 가구는 대개 한 다리만 건너면 무엇을 해야 할지, 혹은 누구에게 물어봐야 할지 알고 있는 사람(변호사, 정신과 의사, 기업 경영자 등)을 찾을 수 있다."[35]

유리한 점들이 계속 쌓인다.

경제적 격차가 벌어지는 동안 인종 격차는 다소 감소했다. 그래서 중상류층이 전처럼 백인 일색이지는 않다. 1980년에는 상위 20퍼센트 가구의 가장 중 열에 아홉이 백인이었다면 지금은 75퍼센트가 백인이다. 하지만 중상류층에서 백인 비중이 줄어든 정도는 전체 인구 중 백인 비중이 줄어든 정도보다 낮다. 그리고 중상류층에서 다양성이 그나마 약간 높아진 것은 주로 아시아계 미국인들의 경제적 지위가 높아졌기 때문이며, 흑인의 비중은 1980년 4퍼센트, 오늘날 6퍼센트로 별로 달라지지 않았다.[36]

건강이 곧 자산

영국의 에드워드 8세가 왕위까지 포기해 가며 결혼한 이혼녀 월리스 심슨은 "지나치게 부유하거나 지나치게 날씬하다는 것은 있을 수 없는 일"이라고 말했다. 중상류층에게는 그리 나쁜 모토가 아니다. 계급은 얼마를 벌고 어디에 사는지에만 관련된 것이 아니다. 계급은 '어떻게 사는지'와도 관련이 있다. 중상류층은 글루텐 없는 식사를 하고, 체질량 지수(BMI)가 정상이고, 규칙적으로 조깅을 하고, 담배를 피울 확률은 자기 아이를 구타할 확률만큼 낮은 사람들로만 이뤄져 있다고 말한다면 과장일 것이다. 하지만 과장일지언정 거짓은 아니다.

일반적으로 미국인 전체가 이전 세대보다 더 건강하고 더 오래 살지만 중상류층은 훨씬 더 그렇다. 보통 경제학자들은 '인적 자

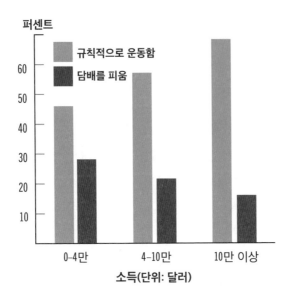

—— 그림 2. 3 담배는 끊고, 달린다!

출처: 2013 DDB Needham Life Style Survey. "담배를 피우십니까?"와 "규칙적으로 운동을 하십니까?" 항목에 대한 답변을 토대로 분석했다.

본'을 말할 때 교육 및 숙련에만 초점을 맞춘다. 하지만 건강도 생산성과 소득에 기여하는 인적 자본의 한 형태다. 그리고 이 두 종류의 인적 자본에 대한 개인의 투자는 상호 강화적이다. 더 건강해지는 데 투자를 했다면 교육에도 더 많이 투자하려는 인센티브가 생긴다. 더 오래 살게 될 것이므로 교육받은 것을 활용할 일도 더 많을 것이기 때문이다. 마찬가지로 대학을 가는 데 투자했다면 이 투자의 수익을 극대화하기 위해 건강에도 투자하는 것이 합리적이다.[37]

중상류층은 더 부유할 뿐 아니라 더 건강하다. 일례로 비만

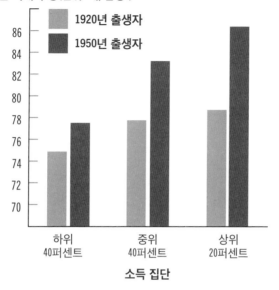

평균 기대 수명(단위: 세, 남성*)

1920년 출생자
1950년 출생자

소득 집단

—— 그림 2. 4 중상류층은 더 오래 산다

출처: Barry P. Bosworth and Kathleen Burke, "Differential Mortality and Retirement Benefits in the Health and Retirement Study" (Washington, D.C.: Brookings Institution, 2014) (www.brookings.edu/wp-content/uploads/2016/06/differential_mortality_retirement_benefits_bosworth_version_2.pdf).
*여성에게서도 상위 20퍼센트와 나머지 사이의 격차는 비슷한 패턴을 보인다.

이 사회 전체에 전염병처럼 퍼지는 와중에도 중상류층은 별로 영향을 받지 않았다.[38] 일반적으로 중상류층은 보건 정보에 더 빠르게 반응하며 건강을 유지하기 위해 더 많이 노력한다. 예를 들어 이제 중상류층 사이에서 흡연은 뚜렷하게 소수의 취향인 반면 운동을 규칙적으로 하는 사람은 다수(약 3분의 2)를 차지한다.[39] 요가를 하는 사람은 거의 모두 중상류층이다.(입증할 데이터를 제시할 수는 없지만, 내기를 한다면 당신은 아니라는 데 걸겠는가?)

기대 수명은 이러한 이득이 축적된 결과를 종합적으로 보기에 좋은 지표다. 자원, 지위, 안정성, 삶에 대한 통제력 등을 누리는 사람은 평균적으로 수명이 더 길다. 주목할 점은 기대 수명에서도 격차가 증가하고 있으며, 이 또한 '위쪽이 멀어지는' 현상이라는 사실이다. 배리 보스워스, 게리 버트리스, 칸 장의 「건강과 은퇴 연구」에 따르면, 1920년에 태어난 남성들 사이에서는 부유한 20퍼센트와 중간인 40퍼센트 사이에 평균 기대 수명 격차가 1년이 채 되지 않았지만 1950년에 태어난 사람들 사이에서는 3년이나 차이가 났다.[40] (충격적이게도, 다른 모든 집단은 기대 수명이 늘었는데 하위 40퍼센트의 여성은 기대 수명이 약간 '감소'했다.)

건강 지표가 모두 암울한 방향만 가리키는 것은 아니다. 기운이 나게 해 주는 데이터도 있다. 예를 들어 영아 사망률에서는 계급 격차가 감소했다.(인종 격차는 여전히 매우 크다.)[41] 그렇기는 해도 건강에 좋은 생활 습관과 더 나은 건강이 중상류층의 특징이 되었다는 점만은 분명해 보인다.

상위 20퍼센트의 인생은 살 만하다

불평등의 동학을 파악하는 것은 어려운 작업이다. 사회학자 찰스 틸리는 "불평등을 분석하는 연구자는 지진학자와 비슷한 처지"라고 말했다. "지진을 설명할 때, 지표 밑에 있는 거대한 지각판의 이동이 지표가 갈라지고 솟아오르는 것의 원인임을 안다고 해서 작은 규모의 지질학적 설명들이 중요치 않게 되는 것은 아니다."[42]

　이 장에서 이야기한 "갈라지고 솟아오르는" 지표상의 경향들은 경제, 교육, 사회의 다양한 측면에서 불평등이 커지고 있음을 드러낸다. 하지만 이 현상들은 더 깊은 곳에서 발생하는 움직임의 결과이며 무엇보다 중상류층이 분리된 데서 생겨나는 결과다. 그와 동시에, 최근 몇십 년 사이 다양한 영역에서 중상류층이 누리는 특권들이 더욱 긴밀하게 결합하면서 각각은 나머지의 효과를 한층 더 강화했다. 1996년 영화 「제리 맥과이어」에서 어린 아들과 함께 비행기의 일반석을 타고 가던 도로시(러네이 젤위거 분)는 1등석 승객들의 대화를 유심히 들으며 침울해하다가 아들이 왜 그러냐고 묻자 이렇게 대답한다. "전에는 1등석에 더 나은 기내식만 있는 줄 알았는데 이제 보니 더 나은 인생이 있네."

　정말로 그렇다. 미국의 중상류층인 우리에게 인생은 썩 괜찮다. 우리는 불황에서 대부분의 사람들보다 쉽게 회복되었고 이제는 풍요로운 경제의 트랙에 다시 올라탔다. 우리가 계급으로서 누리는 이점은 은행 잔고 수준을 훨씬 넘어서 교육 수준, 직장에서의 통제력, 동네의 질, 자신 있게 미래를 설계할 수 있는 능력, 건강, 식생활, 수명, 가족의 안정성까지 포함한다.

　하지만 이 중에서 가장 중요한 차이를 꼽으라면 자녀 양육에서의 차이일 것이다. 이는 평등한 기회라는 미국의 이상에 가장 큰 위협이기도 하다. 현대 경제에서 인적 자본은 성공의 필수 요소다. 더 부유하고 더 교육을 많이 받은 부모는 이 사실을 아주 잘 알고 있을 것이다. 이제 미국 중상류층 가정은 인적 자본을 육성하는 온실이 되었으며 그 온실에서 자라는 아이들은 태어나면서부터 보통의 아이들과 다른 경로를 간다.

양육 격차가
특권을 만든다

좁히기가 훨씬 더 어려운 격차는 여행, 책,
가정 교사 등 '자녀의 풍성한 경험을 위한 지출'의
격차다. 이러한 지출은 상위 20퍼센트 가구가
하위 20퍼센트 가구보다 열 배나 많다.

어렸을 때 우리 엄마는 나와 동생을 전기 고문(electrocution)으로 겁주곤 했다. 사실 그건 아니고, 발음(elocution) 교정 연습을 하라고 닦달하셨는데, 우리는 (딴에는 엄청 재치있다고 생각하면서) 그것을 전기 고문이라고 바꿔 말했다. 런던 바로 북쪽의 매우 평범한 집에서 태어나 매우 평범한 고등학교를 다닌 우리는 발음에 끔찍한 문제가 몇 가지 있었는데, 일부 단어에 들어 있는 t 발음을 제대로 하지 못하는 것도 그중 하나였다.

노스웨일스의 농촌에서 태어나 열여섯 살에 고등학교를 그만두어야 했던 엄마는 계급에 매우 민감한 영국 사회에서 우리 형제가 단지 상류층 발음(아직도 "여왕의 영어(Queen's English)"라고 불린다.)으로 말하지 못해 기회의 문이 닫혀 버리는 꼴을 겪게 하고 싶어 하지 않으셨다. 언젠가 내가 어찌어찌 computer라는 단어를 p 소리도, t 소리도 내뱉지 않고 성공적으로 발음했을 때의 엄마 표정을 나는 절대로 잊지 못할 것이다. 하지만 아무리 연습을 해도 상류층 발음은 도무지 입에 익지 않았다. 내 발음에 남아 있는 노동자 계급의 흔적은 옥스퍼드 대학을 다니면서 3년간 '소독'을 하고서야 겨우 사라졌다. (아내는 내가 술을 마시면 청소년기 발음이 나온다고 하는데, 자신이 무슨 말을 하는지 모르는 게 분명하다. 아내는 미국인이다).

우리는 왈츠도 배워야 했다. 엄마는 우리가 이것도 잘 못할까 봐 걱정을 많이 하셨다. 사실 나와 동생은 어린 시절에 대체로 우수한 편이었다. 여기에는 안정적인 가정에서 사랑받으며 자랐다는 점이 크게 기여했을 것이다. 하지만 나는 계급 구분과 그로 인해 고착되는 불평등을 늘 민감하게 느꼈다.

내가 미국으로 건너온 이유 중 하나는 여전히 계급이 많은 부분을 지배하는 나라에 살면서 느꼈던 짓눌리는 갑갑함에서 벗어나고 싶어서였다. 미국에 대한 연구들을 읽었기 때문에 미국이 이상적인 계층 이동성을 가진 유토피아가 아니라는 것 정도는 알고 있었다. 하지만 몇 가지 중요한 측면에서 미국의 계급 격차가 내가 도망쳐 나온 영국보다 오히려 더 경직되어 있고 가차 없다는 것을 발견하고서 나는 충격을 받았다.

미국에서 중상류층으로 살면서 보니, 부모들이 자녀에게 엘리트 계급의 미래를 보장해 주기 위해 어마어마한 노력을 들이고 있었다. 가정교사, 코치, 그리고 펜싱부터 프랑스어까지 온갖 재능에 대한 주말 레슨 등등. 그런데 내 이웃이나 동료 중에서 자녀의 발음을 교정하려고 하는 사람은 본 적이 없다. 자신의 아이가 다른 중상류층 아이들에게 둘러싸여 있으므로 엉뚱한 발음을 익힐까 봐 걱정할 일이 없어서일 수도 있고 그저 지역적인 특성일 수도 있다. 하지만 더 설득력 있는 설명은 따로 있는 것 같다. 미국인들은 자신의 아이가 발음보다는 성취로 판단되리라고 믿는 경향이 강하다. 계급적 지위는 '표현되는' 것이 아니라 '획득하는' 것이라고 말이다. 능력 본위 시장에서 높은 지위를 얻으려면 여러 가지 '능력'을 가져야 하고 아이에게도 그런 능력을 갖출 수 있게 해 주어야 한다.

철학자 애덤 스위프트는 "어떤 부모를 갖게 될지는 전적으로 운이지만 어떤 자녀를 갖게 될지는 그렇지 않다."라고 말했다.[1] 중상류층 가정에서 자란 아이들은 대체로 성공적인 삶을 영위한다. 그 결과 소득 상위 계층에 세대 간 경직성이 생긴다. 중상류층 지위가 사실상 세습되는 것이다. 그리고 이러한 위쪽의 경직성이 바닥 쪽보다 심하다. (세대 간 계층 경직성은 다음 장에서 더 자세히 다룰 것이다.)

토마 피케티는 『21세기 자본』에서 "부의 위계에 따라 구조화되어 있던 사회가 거의 전적으로 노동과 인적 자본의 위계에 따라 구조화된 사회로 바뀌었다."라고 언급했다.[2] 피케티는 「하우스」, 「본즈」, 「웨스트 윙」 같은 미국 드라마가 교육, 두뇌, 근면의 도덕적 미덕에 대한 미국인들의 믿음을 잘 보여 준다고 설명했다. 시장은 올바른 능력을 가진 사람들 쪽으로 보상이 흘러가게 하는 경쟁의 장이라고 여겨진다. 똑똑함은 곧 성공을 의미한다. 그러므로 똑똑한 부모라면 아이를 똑똑하게 만들어야 한다.

계획된 출산은 성공의 첫걸음

맨 처음부터 시작해 보자. 성공적인 자녀 갖기의 첫 단계는 자녀를 갖지 않는 것이다. 준비가 되기 전까지는 말이다. 소힐이 『속박 풀린 세대』에서 언급했듯이 미국은 혼외 임신과 의도치 않은 임신의 비중이 높다. 출생아 중 40퍼센트 이상이 혼외 관계에서 태어난다. 30세 미만의 싱글 여성이 출산하는 아이 10명 중 6명은 계획에 없던 임신으로 태어나는 아이다.[3] 하지만 소득과 교육 수준에 따라 차이가 크다. 질병 통제 예방 센터(CDC)의 설문 조사를 토대로 분석한 결과, 소득이 상위인 여성(여기에서는 상위 30퍼센트를 의미한다.)이 의도치 않은 임신을 할 가능성은 소득이 중위인 여성의 절반에 불과했다.[4]

계획에 없던 임신으로 엄마가 되는 여성은 빈곤에 처할 위험과 낮은 학력에 머물 위험이 훨씬 크다. 물론 원인과 결과의 방향을 딱 잘라 말하기는 어렵다. 캐서린 에딘과 마리아 케팔라스의 연구,[5] 또 멜리사 키어니와 필 르빈의 연구[6]가 보여 주듯이, 가난한 여성이 피임에 미처 신경을 못 써서 계획에 없던 임신을 하게 되는 것일 수도 있다. 어쨌든 한 가지는 확실하다. 의도치 않은 임신과 출산은 학위를 따고 기술을 익히고 노동 시장에 탄탄하게 발을 들여야 할 중요한 시기에 여성의 삶을 (그리고 정도는 덜하지만 남성의 삶도) 망가뜨릴 수 있다. 몇몇 추산에 따르면, 커뮤니티 칼리지를 중퇴한 젊은 여성 10명 중 1명은 예기치 못한 임신 때문에 학교를 그만둔 경우였다.[7]

이는 세대 간 계층 이동성에도 명백한 함의를 가진다. 의도치 않은 임신으로 태어난 아이는 평균적으로 장래에 건강, 학력, 소득, 수입이 더 안 좋다. 여기에서도 인과 관계의 방향은 잘라 말하기 어렵지만, 이러한 결과의 상당 부분이 부모가 준비하고 계획해서 부모가 되었다기보다 (소힐의 표현을 빌리면) '어쩌다' 부모가 되었다는 사실과 관련이 있음은 분명하다.

퍼트넘이 『우리 아이들』을 집필하면서 만나 본 사람들 중 예기치 못했거나 계획하지 않았던 임신으로 삶의 계획이 어그러졌다고 말한 사람이 얼마나 많은지는 놀라울 정도다. 피자헛에서 일하다 상사인 조와 사귄 지 두 달 만에 임신을 한 달린은 이렇게 말했다. "그러려고 한 게 아니라 그렇게 되었어요. 계획된 것이지만 계획되지 않은 것이기도 하죠." 또 오하이오주 포트클린턴(퍼트넘의 고향이기도 하다.)에 사는 데이비드는 18세에 아빠가 된 것에 대해 이렇게 설명했다. "계획한 것이 아니었어요. 어쩌다 보니 그렇게 되었죠."[8]

인적 자본 육성에서의 격차는 태내에서부터 시작된다. '태교를 위한 모차르트'를 틀어 주었느냐 아니냐 때문이라기보다는 산모의 건강과 건강 관리에 차이가 있기 때문이다. 일반적으로 중상류층 아이들은 부모가 계획을 해서 태어난 아이들이고 임신 기간 내내 엄마가 신경 써서 건강을 관리한 경우가 많다. 중상류층 산모 중 임신 기간과 출산 직후에 흡연을 하는 사람은 없다고 보아 도 무방하다.[9] 계급에 따른 차이는 저체중아 출산 위험에서 단적 으로 드러난다. 전체적으로 저체중아 출산은 크게 감소했지만 가 장 큰 감소 폭을 보인 곳은 중상류층이다. 이제 상위 3분의 1 계층 에서는 저체중아 출산이 매우 드물지만 하위 3분의 1과 중위 3분 의 1 계층에서는 저체중아 출산 비중이 각각 10퍼센트와 8퍼센트 나 된다.[10]

내가 아는 어느 부부는 성공적으로 딸을 키우는 과업에 '멜 리사 프로젝트'라는 이름을 붙였다.[11] 멜리사 프로젝트는 임신을 시도하기 전부터 부부 모두가 비타민을 먹는 것에서 시작해 유 아기에 교육용 게임을 사 주고, 학령기에 좋은 학교에 보내고, 저녁 식사 때 가족이 모여 많은 대화를 나누고, 숙제와 대학 입 시 준비를 도와주고, 유망한 인턴 자리를 잡아 주는 데까지 이어 졌다. 지금까지 사반세기간 지속되고 있는 이 프로젝트는 멜리 사가 존재하기도 전부터 부모가 준비하고 관리한 프로젝트인 것 이다.

어느 부모가 더 헌신적일까

1693년에 철학자이자 미국 건국의 할아버지인 존 로크(미국 독립 혁명에 사상적인 영향을 미쳤다.)는 정치 이론과 철학에 대한 집필을 잠시 접어 두고 곧 아빠가 될 친구를 위해 육아 지침서를 하나 썼다. 그 책 『교육론』은 지금 보면 많은 부분이 낡은 내용이지만(물론 여전히 팬은 있다. 내 아이들은 자녀에게 채소 먹이는 것을 책망한 로크의 견해에 환호한다.), 좋은 사회는 좋은 시민을 필요로 하고 좋은 시민은 좋은 부모가 만든다는 주장은 여전히 타당하다. 로크는 이렇게 말했다. "자녀를 잘 교육하는 것은 부모의 의무와 관심사에서 매우 큰 부분을 차지하며 국가의 부와 번영은 여기에 매우 크게 의존한다."

중상류층 부모는 이 "의무와 관심사"에 매우 진지하게 임한다. 우리는 시기와 터울을 계획해서 아이를 낳고 아이의 성장 발달 과정에 선제적으로 개입한다. 우리는 부모(parent)라는 명사가 동사로도 쓰이게 만든 첫 번째 계급이다. (동사로 parent는 '양육하다'라는 뜻이다.) 이제 우리는 '부모이다.'라고 말하기보다 '부모 한다.'라고 말해야 할 듯하다.

돈 많고 극성스러운 '헬리콥터 부모'들이 아이를 방과 후 테니스 교실부터 첼로 레슨, 중국어 과외까지 뺑뺑이 돌리는 일을 우스개로 삼기는 쉽다. 하지만 알고 보면 우리가 아이들에게 해 주는 많은 일이 바람직한 것들이다. 예를 들어 UCLA의 메리디스 필립스가 수행한 연구에 따르면, 고소득층 부모는 학령기 자녀와 대화를 나누는 시간이 저소득층 부모보다 일주일에 평균 세 시간이나 많다.[12]

부모가 자녀에게 들이는 노력은 글자와 산수를 가르치는 정도를 훨씬 넘어선다. 중상류층 지위를 갖는 데 필요한 능력은 책으로만 배워서 알 수 있는 게 아니고 사회성, 자기 규율, 광범위한 문화적 어휘 같은 것도 포함하기 때문이다. 노동 윤리도 여기에서 빼놓을 수 없다. 이 점은 매우 중요하다. 우리는 지금 한량이나 유한계급을 이야기하고 있는 게 아니다. 중상류층 대부분은 매우 열심히 일하는 사람들이다. 직장에서도 그렇고 주말과 저녁에는 아이들의 삶의 기회를 확장해 줄 수 있는 활동에 열심히 임한다. 중상류층 엄마들은 미국에서 제일 바쁜 사람들일 것이다. 여가 시간은 언감생심이다. 하지만 아빠들도 「매드맨」(1960년대 화려한 뉴욕의 광고 회사를 배경으로 한 드라마. 주인공 남성은 가정생활을 소홀히 한다.)에 나오듯이 살지는 않는다. (그래서 우리가 이 드라마에 그렇게 열광하는 것인지도 모르겠다.) 우리는 집에 와서 칵테일을 마시는 게 아니라 아이들 숙제를 도와준다. 집에서 우리를 기다리는 것은 마티니가 아니라 만다린(중국어)이다.

저소득층 부모들이 대졸자인 부모들을 따라잡기 시작했다는 징후도 일부 존재한다. 레베카 라이언의 연구팀에 따르면, 적어도 아이들과 보내는 시간의 양이라는 측면에서는 격차가 줄었다.[13] 이러한 '육아 따라잡기'는 유아기 아동이 학교에 다닐 준비가 얼마나 잘 되었는가의 면에서 부유층과 빈곤층 사이의 격차가 다소 줄었다는 또 다른 연구 결과와도 일맥상통한다. 하지만 이 연구의 저자들이 지적한 대로, "지난 12년간 격차가 줄어든 속도대로라면 격차가 없어지기까지는 앞으로 60~110년이 더 필요하다."[14]

시간의 양뿐 아니라 질도 중요하다. 1990년대 중반에 수행된 유명한 연구에서 베티 하트와 토드 리슬리는 계층 간에 매우 큰 '대화 격차'가 존재함을 발견했다. 복지 수급자 가정 아이들은 시간당 600단어, 노동자 계층 가정 아이들은 1200단어를 듣는 데 반해, 부모가 전문직에 종사하는 아이들은 2100단어를 들었다. 3세가 되면 전문직 가정 아이는 가난한 가정 아이보다 집에서 3000만 단어를 더 듣게 된다.[15] 오늘날 당국자들은 이 격차를 줄이기 위해 혁신적인 방법들을 모색하고 있다. 로드아일랜드주 프로비던스에서는 가정에 '단어 계수기'를 무료로 배포해 대화, 성인이 말해 주는 단어 등 아이가 접하는 '청각 환경'을 종합적으로 파악할 수 있게 하고 격주로 전문가가 가정을 방문해 조언을 해 준다. 이 정책은 효과가 있는 것으로 보인다.[16]

줍히기가 훨씬 더 어려운 격차는 여행, 책, 가정 교사 등 '자녀의 풍성한 경험을 위한 지출'의 격차다. 그레그 던컨과 리처드 머네인에 따르면, 이러한 지출은 상위 20퍼센트 가구가 하위 20퍼센트 가구보다 열 배나 많다.[17] 이 격차는 증가하는 추세로 보이며 2008년 대침체(Great Recession, 2008년 금융 위기 이후의 경제 불황을 일컫는다.) 이후에는 더욱 그렇다.[18]

소득 수준에 따라 '육아 격차'도 크다. 더 양질의 육아는 소득 분포의 위쪽에서 더 많이 관찰된다.[19] 킴벌리 하워드와 나는 육아의 질을 재는 복합지수 'HOME'을 고안해 소득 분위별 육아 상태를 조사했는데, 상위 20퍼센트 가구의 부모들이 "양호한 육아"에 해당하는 점수를 받을 가능성이 더 컸다.

부모가 무엇을 해 주는지가 아이의 성장 발달에 매우 중요

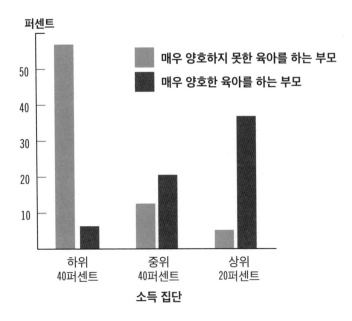

──── 그림 3.1 육아 격차

출처: 사회 유전자 모델(Social Genome Model, SGM) 데이터로 계산한 것이
다. SGM 데이터는 노동 통계국(Bureau of Labor Statistics)의 "1979년 전국
아동 청소년 추적 조사 연구(Children of the National Longitudinal Survey
of Youth, CNLSY, 1979)"를 토대로 한 자료다. 부모의 특성은 아동 출생 시에
관찰된 것이며, 소득 5분위는 연방 빈곤선 대비 가구 소득을 기준으로 했다. '매
우 양호하지 못한 육아'는 HOME 점수 하위 25퍼센트, '매우 양호한 육아'는
HOME 점수 상위 25퍼센트를 의미한다.

하다는 데 모두가 동의하는 것은 아니다. 브라이언 캐플란은 저
서 『아이를 더 가져야 할 이기적인 이유』에서 중상류층 부모는 안
달하지 말고 좀 느긋해져야 한다고 주장했다. 부모가 완벽한 육
아를 하지 않더라도 그들의 자녀는 이미 좋은 유전자를 갖고 있

을 것이기 때문이라는 것이다. (계층 이동성과 관련해서 이것이 더 좋은 소식인 것은 아니지만, 어쨌든 그것은 다른 문제다.) 캐플란은 타고난 역량이 미치는 요인을 다른 변수들과 분리해서 알아볼 수 있는 쌍둥이와 입양아 연구들을 살펴보고서 이런 주장을 폈다. 똑똑하게 타고난 아이들이라면 중국어나 멘델스존을 배우라고 몰아치는 부모가 있든 없든 삶에서 성공할 확률이 높다는 캐플란의 주장은 옳다. 하지만 새로운 연구들이 보여 주는 바에 따르면, (놀랄 일도 아니지만) 성공의 핵심 요소는 단지 좋은 유전자만이 아니라 유전자, 가족 환경, 그리고 더 큰 사회적 환경의 혼합이다. (부모가 자녀의 장래에 미치는 역할이 과대평가되었다고 주장한 캐플란이 자신의 아이에게 홈스쿨링을 시키기로 한 것은 놀랍다.[20]) 다트머스 대학의 경제학자 브루스 새서도트의 연구 결과, 매우 어린 나이에 입양될 경우(평균 1.5세) 교육 수준이 높고 가족 규모가 작은 집에 입양된 아이들이 교육 수준이 낮고 가족 규모가 큰 집에 입양된 아이들보다 대졸 학력을 가질 가능성이 16퍼센트 더 높았다.

　　요컨대 부모의 역할과 관련해 너무 많은 일반화를 하기는 어렵다. 가족이란 복잡하고 변화하며 역동적인 제도다. 각각의 가족은 각각의 방식으로 행복하다. (톨스토이식으로 말하자면, 각각의 가족은 각각의 방식으로 불행하다.) 부모의 역할도 집집마다 다르다. 프랭크 퍼스텐버그는 이렇게 경고했다. "가족은 부모가 큐대를 잡고 경로를 계산해 아이들을 구멍에 골인시키는 당구 게임처럼 움직이지 않는다."[21] 정말 그렇다. 육아는 그렇게 단순한 문제가 아니다. 그러나 부모가 큐대를 잡고 있는 것은 아니라 해도 아이들이 가게 될 경로와 골인의 기회에 크게 영향을 미칠 수 있기는 하다.

제인 월드포겔과 리즈 워시브룩의 장기 추적 연구 결과, 육아의 차이, 특히 엄마의 애정과 민감도의 차이는 가구 소득에 따른 3~5세 자녀의 인지 역량 격차를 많게는 40퍼센트까지도 설명할 수 있는 것으로 나타났다.[22] 육아에서의 차이는 소득 상위 20퍼센트 가구의 자녀와 하위 20퍼센트 가구의 자녀 사이에 나타나는 인지 역량 격차를 가장 잘 설명하는 요인이었으며, 엄마의 학력, 가족 규모, 인종 등 다른 어떤 변수보다도 설명력이 컸다.

육아에 헌신적인 중상류층 부모는 직업 경력 등 삶의 다른 영역을 기꺼이 희생하려 할 수도 있다. 적어도 하버드의 제인 레버 헤어가 수행한 최근 연구에 따르면 그렇다.[23] 이론상으로는 늦은 나이에 엄마가 된 여성은 그렇지 않은 여성보다 직장에 더 빨리 복귀해야 한다. 인적 자본 수준이 더 높아서 일을 쉬고 집에 있는 것이 유발하는 기회비용이 크기 때문이다. 하지만 데이터를 보니 현실은 이론과 맞아떨어지지 않았다. 나이가 더 많은 엄마들 중 고졸인 엄마들은 젊은 엄마들보다 첫 출산 후 다음 해에 곧바로 복귀하는 경향이 있었지만 대졸인 엄마들은 그렇지 않았다. 노동 시장에서 벗어나 있는 것이 유발할 기회비용이 가장 큰 집단인데도 말이다. 소득 극대화라는 관점에서 보면 이상한 현상이다. 이에 대해 레버 헤어는 다음과 같이 설명했다. "기회비용 이론이 매우 설득력 있긴 하지만 이 이론이 예측한 대로의 상관관계는 나타나지 않았다. 대졸인 엄마들의 경우, 노동 공급에 대한 의사 결정이 자신의 시간에 대한 금전적인 가치보다 가정의 효용 극대화에 더 중요하다고 생각되는 목표들에 더 크게 영향을 받기 때문인 것으로 보인다."

여기에서 "가정의 효용 극대화"를 추구한다는 어려운 표현은 '자식이 잘 되기를 바란다'고 바꿔 말해도 무방하다. 교육 수준이 높은 부모들은 게리 레이미와 발레리 레이미가 말한 "러그랫 레이스(rug-rat race, 맹렬한 경쟁을 의미하는 '랫 레이스'와 어린아이를 의미하는 '러그랫'을 합한 신조어다.)"에서 자신의 아이가 승리할 수 있도록 성장과 발달을 돕는 데 자신의 시간을 투자하며,[24] 그렇게 할 수 있는 재정적 여유도 있다.

1992년에 빌 클린턴은 "정부가 아이를 키우는 것이 아니라 부모가 아이를 키우는 것"이라고 말했다. 마땅한 말이다. 각 가정의 자유가 평등한 기회라는 이상과 충돌할 때도(이 충돌은 불가피하다.) 가족 제도를 폐지해서 문제를 해결하자고 주장할 사람은 없을 것이다. 그보다 우리가 목표로 삼아야 할 것은 수준을 '위쪽으로 끌어 올리는' 것이다. 즉 불리한 조건에 있는 부모들이 자녀에게 더 많이 투자할 수 있게 돕고, 양질의 양육을 받기 어려운 환경에 태어난 아이들에게 추가적인 공적 투자를 해야 한다. (이후의 장들에서 더 자세히 설명할 것이다.)

다 같은 학교가 아니다

자녀의 능력을 육성하려는 중상류층의 프로젝트는 아이가 유치원에 갈 무렵이면 이미 한참 진행된 상태라고 보아야 한다. 그리고 이 격차는 초·중·고등학교에서도 계속된다.

대부분의 부모는 아이를 집에서 가까운 유치원에 보낸다. 하지만 상위 20퍼센트에 속하는 학부모 중 절반은 특별히 고른 유치원에 아이를 보내거나, 집에서 가르치거나, 집 가까운 곳에 있는 유치원이 마침 아이를 보내고 싶었던 유치원인 것으로 나타났다.[25]

고등학교에 갈 나이가 되면 차이는 더 두드러진다. 중상류층 사람들이 아이를 사립 학교에 더 많이 보낸다는 것은 이제 놀랄 일도 아니다.(상위 20퍼센트에서는 18퍼센트, 중위 40퍼센트에서는 9퍼센트, 하위 40퍼센트에서는 4퍼센트의 아이들이 사립 학교에 간다.)[26]

그렇지만 대부분의 고등학생(전체의 약 4분의 3)은 공립 학교에 다닌다. 중상류층 아이들도 대다수는 공립 학교에 간다. 하지만 '아무' 공립 학교나 가지는 않는다. 학교가 주택 시장에 미치는 영향은 실로 막대해서, 좋은 공립 학교 근처의 집들은 매우 비싸다. 소득 상위 20퍼센트 가구 중 약 40퍼센트는 해당 주에서 (학생들의 시험 점수 기준으로) 상위 20퍼센트에 드는 공립 학교 근처 동네에 살고 약 25퍼센트는 상위 10퍼센트의 공립 학교가 있는 동네에 산다.

인과 관계는 양방향이다. 부유한 집 아이들이 공부를 더 잘하는 경향이 있으므로 그런 학생들이 많이 다니는 학교는 시험 점

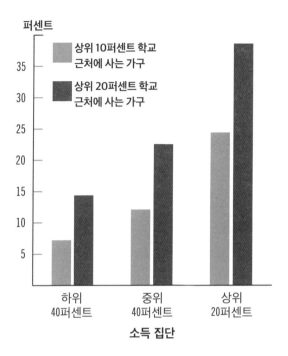

―――― 그림 3. 2 좋은 학교 근처에 살기

출처: 2014년 '미국 지역 공동체 서베이(American Community Survey, ACS)'
와 '좋은 학교(Great Schools)' 데이터를 토대로 계산한 것이다. 가구의 위치와
지역 공립 학교 성취도(시험 점수 기준)의 지리적 분포에 대한 ACS 데이터를 비
교해 분석했다. 방법론에 대한 더 자세한 설명은 다음을 참고하라.
www.brookings.edu/research/asian-american-success-and-the-pitfalls-
of-generalization/

수 평균이 높아진다. 즉 학생들이 공부를 잘해서 학교가 '좋은 학
교'로 인정받는다. 하지만 여기에서 끝이 아니다. 나는 내 아이들
이 다니는 공립 학교의 '백 투 스쿨 나이트(학기 초 학부모 오리엔테
이션 모임)'에 가 보고서 선생님들이 너무 훌륭한 것에 완전히 반했

다. 학교 격차에 대해 연구하는 연구자라면 누구나 부유한 동네의 학교가 가난한 동네의 학교보다 교사의 질이 월등히 높다는 것을 발견하게 될 것이다.[27] 이를테면 루이지애나주에서는 부유한 동네에 있는 학교 교사 중 38퍼센트가 "매우 유능"하다고 평가받은 반면 가난한 동네에 있는 학교 교사 중에서는 22퍼센트만 그런 평가를 받았다.[28]

요컨대 중상류층은 훌륭한 선생님들이 있는 좋은 학교에 아이들을 넣는다. 심지어 여기에서 멈추지도 않는다. 우리는 시간, 돈, 전문성을 들여 아이가 다니는 학교 모임에 적극적으로 참여한다. 대졸인 부모 대부분이 자녀의 학교에서 자원봉사를 하거나 학교 위원회에 참여한다. 고졸인 부모 중에서는 그러는 사람이 5명 중 1명꼴에 불과한 것과 대조적이다.[29] 또 애슐린 넬슨과 베스 개즐리가 2014년에 수행한 연구에 따르면, 부유한 동네의 학교들은 재정 지원을 하는 후원회나 비영리 재단과 연계되어 있을 가능성도 더 크다.[30] 학부모 기부금으로 이뤄지는 "추가적인 자금"은 정부 지출보다 훨씬 더 불균등하다. 맨해튼에는 매년 후원금 모금액이 백만 달러가 넘는 공립 학교들도 있다.[31]

내 아이 중 하나가 다녔던 베데스다(워싱턴 D.C. 바로 외곽에 있는 좋은 동네다.)의 한 초등학교는 다목적 학습실 개보수 비용으로 학부모를 대상으로 25만 달러를 모금했다. 그 아이가 다닌 중학교에서는 노트북을 장만해야 하는데 지역 정부가 제공하는 자금이 바닥나자 학부모회에서 불과 한두 주 만에 1만 3000달러를 모았다. 현재 내 아들이 둘 다 다니고 있는 공립 고등학교는 비영리 교육 재단과 연계되어 있어서 한 시간짜리 추가 강좌, 대학 지원 에 세이 작성 워크숍, 전환기 적응을 위한 여름 프로그램 등을 진행하는 교사에게 보수를 지급한다. 많은 경우 이러한 프로그램들은 이 학교 학생 중 사회 경제적 계층이 낮은 학생들에게 특히 유용하며 이러한 학생들을 특별히 대상으로 하기도 한다. 또 부유한 지역의 몇몇 학교는 (우리 학교도 포함해서) 학부모회가 카운티 내의 가난한 지역에 있는 학교에 기부를 하기도 한다.

하지만 전반적으로 보면 학부모의 기부금은 학교들 사이의 격차를 더 벌린다. 몇 년 전 우리 학교 이사회가 학부모 기부금을 한데 모아 열악한 학교들에 보내자고 제안한 적이 있는데, 사람들은 이를 믿을 수 없어 하거나 분노하는 반응을 보였다. 우리 동네는 매우 진보적인 동네인데도 그랬다.

이 모든 요인들을 종합해 보면, 중상류층 아이들은 사립 학교에 가든지 공립 학교에 가든지 훌륭한 선생님 밑에서 양질의 교육을 받으며 학과 외의 교육 기회도 풍성하게 누린다. 이러한 이득은 앞에서 묘사한 다른 모든 이득과 함께 시험 점수의 격차를 벌리는 데 일조한다. 널리 인용되는 유명한 연구에서 숀 리어든은 지난 몇십 년 동안 가구 소득에 따른 시험 점수의 격차가 확대되어 왔음을 보여 주었다. 그런데 그가 알아낸 더 중요한 사실은 이 격차가 대체로 '위쪽에서' 발생한다는 점이었다.

가구 소득과 학업 성취 사이의 관련성은 점점 더 밀접해 져 왔으며 소득 분포의 상위 절반에 속하는 가구들 사이에서 특히 더 그랬다. 소득(로그 값)이 가구 소득 중앙값보다 높은 가구들 중 가구 소득이 두 배 차이 나는 두 가정에 각각 속한 두 아이가 보이는 학업 성취도의 평균 차가 지난 몇십 년 사이에 막대하게(30퍼센트에서 60퍼센트로) 커졌다.[32]

이 책에서 언급한 다른 모든 요인들과 마찬가지로, 미국에서 초·중·고등학교 시절에 벌어지는 계급 격차는 빈곤층과 중산층 사이의 격차라기보다(이 격차도 작지는 않지만) 중상류층과 나머지의 격차라고 보아야 한다.

중상류층 자녀에게는 명문대의 교문이 더 넓다

대학에 가고 싶어 하는 열망은 애플파이만큼이나 미국적이다. 거의 모든 젊은이가 이름 뒤에 "BA(학사)"라는 기호를 붙일 수 있기를 바란다. 저소득층, 중산층, 중상류층 할 것 없이 고등학교 졸업반 학생 대부분은 4년제 대학에 가고 싶어 한다. (가장 최근 자료인 2002년 기준인데, 지금은 더할 것이다.) 계급 격차가 드러나는 지점은 그 다음이다. 중상류층 고등학생은 대학만이 아니라 그 이후의 교육도 바란다. 이들의 절반 이상이 대학원 진학을 희망한다.[33] 물론 꼭 희망대로 이뤄지는 것은 아니지만 부유한 사람들에게는 꿈과 현실의 차이가 더 좁다.

드디어 정책 결정자들이 기술 교육과 직업 교육에 조금씩 더 관심을 기울이고 있지만, 고등 교육 기관에 진학하는 중상류층 자녀 중 직업 교육 쪽으로 가는 비중은 2퍼센트에 불과하다. 이는 소득 중위 40퍼센트 가구 자녀의 7퍼센트, 하위 40퍼센트 가구 자녀의 11퍼센트라는 수치에 비해 크게 낮은 비중이다. 커뮤니티 칼리지, 견습 제도, 취업 연계 교육 등에 더 많은 투자가 이뤄져야 한다. 하지만 솔직해지자. 말은 그렇게 하면서도 우리는 이러한 제도가 다른 집 아이들을 위한 것이지 우리 아이가 갈 곳은 아니라고 생각한다.

자, 우리 중상류층 아이들은 4년제 대학을 목표로 한다. 사립 고등학교에 다닌다면 최고 수준의 자원과 역량을 갖춘 진학 상담 부서가 학생들이 최대한 좋은 대학에 들어가도록 도와줄 것이다. 실망스러운 결과가 나왔더라도 연줄 좋은 카운슬러가 이메일이나 전화를 잘 넣어 주면 달라질 수 있다. 그리고 부모가 특정한 대학을 나왔다면 거의 언제나 자녀가 대학으로 향하는 길을 더 부드럽게 닦아 줄 수 있다.

경쟁이 자연스러운 경로로 이뤄지도록 둘 마음이 없는 부유한 부모는 대학 입학 컨설턴트를 고용한다. 교육 컨설턴트 협회 사무총장 마크 스클라로우에 따르면, 대부분의 대입 컨설팅 업체가 서비스 한 세트당 요구하는 비용은 4500달러 정도다.[34] 가장 유명한 곳은 '칼리지 코치'인데 '대학 들어가기 닷컴(www. getintocolloege.com)'이라는 웹 사이트 주소가 이 회사가 판매하는 상품이 무엇인지를 더 정직하게 말해 준다. 이 회사는 고객 중 90퍼센트를 각자가 가장 원하는 대학에 보냈다고 자랑한다. 코넬에 입학한 한 고객은 "담당 카운슬러가 대학의 입학 사정관 출신이었기 때문에" 좋은 결과를 얻을 수 있었다고 말했다. "내 카운슬러는 입학 사정 시에 대학이 정말로 중요하게 고려하는 것이 무엇인지를 잘 알고 있었어요. 그래서 입학 사정 위원회가 보기에 가장 중요한 장점이 잘 드러나게끔 지원서를 작성하도록 도와주었습니다."

칼리지 코치는 다른 업체들보다 조금 더 비싸다. 일반적인 "프리미어" 서비스는 컨설팅 시간에 20시간의 상한이 있고 5200달러다. 고급인 "엘리트" 서비스는 컨설팅 시간에 상한이 없고 "추가 리서치 도우미 서비스"도 제공되며 가격은 1만 1000달러다. 나는 이 책을 쓰기 위한 자료 조사의 일환으로 칼리지 코치에 연락해 11학년인 아들 펑계를 대면서 회사 소개 자료를 요청했다. 그런데 칼리지 코치가 제공한다는 서비스를 보고 있으려니 이런 생각이 드는 것이다. "어, 이거 괜찮을 거 같은데?"(아내에게는 감히 말하지 못했다.) 아니면 이런 생각. "유명한 전직 드라마 작가 크레이그 헬러가 599달러에 650단어짜리 대입 자기소개서 쓰는 법을 조언해 준다는데, 그거 한번 해 보면 어떨까?"[35]

좌우간 중상류층 부모가 무엇을 했든 효과는 있었던 모양이다. 소득 상위 20퍼센트 가구 출신인 25세 성인 10명 중 6명은 학사 학위가 있다. 중위 40퍼센트 출신 중에서는 3분의 1, 하위 40퍼센트 출신 중에서는 10분의 1만 25세 시점에 학사 학위를 가지고 있는 것과 대조적이다.

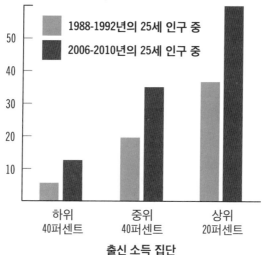

학사 학위 취득자 비중(단위: 퍼센트)

- 1988-1992년의 25세 인구 중
- 2006-2010년의 25세 인구 중

출신 소득 집단

하위
40퍼센트

중위
40퍼센트

상위
20퍼센트

—— 그림 3. 3 졸업장

출처: Kathleen Ziol-Guest and Kenneth T. H. Lee, "Parent Income-Based Gaps in Educational Attainment: Cross-Cohort Trends in the NLSYs and the PSID," *AREA Open 2* (May 2016): pp. 1-10.
학위 취득자는 25세 이전에 학위를 취득한 사람을 말한다.

계층 이동성과 관련해 말하자면, 헌신적인 부모를 두었고 학사 학위도 가졌다는 것은 복권에 두 번 당첨된 것과 같다. 그런데 이 두 가지 복권 당첨이 붙어 다니기 시작했다. 부유한 집에 태어난 아이들의 미래 전망과 관련해서는 매우 좋은 일이다. 하지만 기회의 격차를 줄이고자 하는 입장에서는 매우 안 좋은 일이다.

이제 중상류층 아이들에게 4년제 대학은 기본이다. 하지만 그들은 '아무' 대학이 아니라 '좋은' 대학에 가고 싶어 한다. 최고 명문 대학이면 더 좋다. 중상류층과 나머지 계층 사이의 대학 진학률 격차는 명문 대학 진학률 격차에 비하면 미미할 정도다. 부유한 동부 지역의 고등학교(공립, 사립 모두)에서 성적이 좋은 아이들은 다들 HYP(하버드, 예일, 프린스턴)을 목표로 삼는다.

그림 3. 4가 보여 주듯이 소득 상위 20퍼센트 가구 아이들은 대부분 좋은 대학에 간다.[36] 작가 데이너 골드스타인은 본인도 "부모 모두 대졸자인 중상류층 가정 출신"인데도 브라운 대학에 진학한 뒤 학생들의 계급 다양성이 매우 낮은 것을 보고 크게 놀랐다고 언급했다.

> 다음과 같은 결론에 도달할 수밖에 없었다. 브라운 같은 대학에 합격을 하느냐 못 하느냐를 예측하게 해 주는 가장 강력한 변수는 추상적인 성취나 지능에 대한 지표가 아니라 어떤 부모를 두었느냐다. 즉 부모가 이런 학교에서 입학 허가를 받는 데 선결 조건이 되는 경험들(사립 학교나 좋은 공립 학교, 책 읽는 가정 분위기, SAT 대비용 과외, 자원봉사 여행, 무급 인턴 등)을 시켜 줄 수 있을 만한 사회경제적 자본을 가지고 있느냐다.[37]

대학 입학에는 분명한 계급 편향이 존재한다. 좋은 대학(약 480개 정도라고 하자.[38])에 간 학생 중 절반가량은 중상류층 출신이고 더 좋은 학교일수록 중상류층 출신의 비중이 크다. 《뉴욕 타임스》의 데이비드 레온하트가 보도했듯이 "미국에서 소득이 하위 50

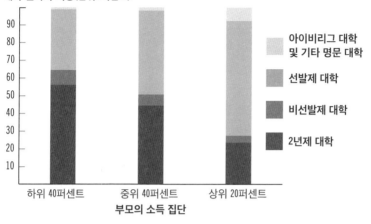

대학 진학자 비중(단위: 퍼센트)

아이비리그 대학
및 기타 명문 대학

선발제 대학

비선발제 대학

2년제 대학

하위 40퍼센트   중위 40퍼센트   상위 20퍼센트
부모의 소득 집단

───── 그림 3. 4 부유한 부모, 좋은 대학

출처: Raj Chetty, John N. Friedman, Emmanuel Saez, Nicholas Turner, and Danny Yagan. Online Table 4. "Mobility Report Cards: The Role of Colleges in Intergenerational Mobility." The Equal Opportunity Project, 2017.
18~21세 대학 재학생은 1991년 출생자들을 대상으로 했다(즉 2010~2013년에 대학 재학 중인 사람들이다).

퍼센트인 가구 출신 학생 중 한 명이 다트머스, 유펜, 프린스턴, 예일 같은 학교에 갈 때마다, 연 소득 20만 달러 이상인 가구 출신 학생은 두 명이 그런 학교에 간다."[39]

소수만 들어갈 수 있고 학비도 비싼 선발제 대학과 많은 사람들이 갈 수 있고 학비도 비싸지 않은 비선발제 대학 사이의 격차도 점점 커지고 있다. 미국 교육 전문가인 조지타운 대학의 앤서니 카네발레는 "고등 교육 시스템의 양극화가 심화되고 있다."라며 "한쪽에는 무사히 졸업을 하고 대학원에 가고 좋은 일자리를 얻는 것까지 풀 서비스가 제공되는, 비싼 명품 같은 명문 대학 학위가 있고, 다른 쪽에는 무사히 학업을 마칠 가능성이나 이후 노동 시장에서의 전망도 매우 불확실한, 지하 매대 할인 제품 같은 비명문 대학의 학위가 있다."라고 말했다.[40]

명문 대학 들어가기가 점점 어려워지면서 명문 대학에 들어가는 것의 중요성도 점점 커졌다. 명문대 합격은 잭팟을 터트린 것과 같다.(우연이 아니라는 점은 다르지만.) 명문대는 학비가 비싸지만 그만한 가치가 있다. 하지만 캐롤라인 혹스비가 말했듯이 "막대한 투자를 해서 안정적인 수익률을 얻는 사람은 애초에 꽤 부유한 사람이다."[41]

학자금 대출을 둘러싸고 벌어지는 열띤 논쟁은 사실 논점이 빗나간 논쟁이다. 열띤 논쟁거리인 이유는 공공 담론의 거의 모든 참여자(학자, 기자, 정치인 등)가 대학을 나왔고 그들의 자녀도 대학을 나왔거나 대학에 갈 것이기 때문이다. (예를 들어 의원들은 거의 모두가 대학 졸업자다.[42]) 논점이 빗나간 논쟁인 이유는 미국 고등 교육에서 진짜 문제는 부채가 아니라 교육의 분포와 질이기 때문이다. 부채 문제는 가난한 배경 출신이라서 별 볼 일 없는 대학이라도 가기 위해 빚까지 내야 했던 사람들의 문제인 것이다.

경제적인 면에서 볼 때 대학에 가기로 결정하는 것은 여전히 현명한 선택이다. 하지만 가는 대학이 꽤 좋은 대학이라는 전제에서만 그렇다. 중상류층은 이 사실을 잘 알고 있다. 오바마의 529 플랜 개혁안에 대해 일었던 맹렬한 반대가 이를 잘 보여 준다. 또

한 중상류층 정책 입안자들이 대학 교육이 "모두를 위한 것은 아니"라고 말할 때, 분명 이들은 자신의 자녀를 염두에 두지는 않았을 것이다.

자, 좋은 대학에서 학위를 땄다. 그것으로 충분한가? 더 이상 그렇지 않다. 교육 수준이 전반적으로 높아지면서 경쟁의 기준도 높아졌기 때문에 이제는 석박사 학위가 필요하다. 석박사 학위는 두 가지 목적을 수행한다. 우선 인적 자본을 더 향상시키는 본연의 기능이 있다. 하지만 점점 많아지는 대졸자와의 차이를 드러내는 '구별 짓기'의 기능도 한다. 석박사 학위는 지위재(positional good)다. 즉 모든 사람이 가질 수는 없다는 점에서 가치를 갖는다. 중상류층에 끼려면 이제 학위 하나로는 안 되고 두 개가 필요하다.

뉴욕 대학의 경제학자 플로렌시아 토치의 말에 따르면, 석박사 학위는 세대 간 지위 전승의 가장 중요한 수단이다. 토치는 "세대 간 지위 재생산이 대졸자 사이에서는 감소했지만 석박사 학위 보유자들 사이에서 다시 나타났다."라며, 이는 "고숙련 노동자들에게 노동 시장이 본질적으로 능력 본위적 제도인지 의구심을 갖게 만든다."라고 언급했다.[43] (저기, 토치 교수님, 그건 "능력"을 어떻게 정의하느냐에 달려 있어요. 뒤에서 다시 설명할게요.)

종합해 볼 때, "고등 교육 시스템은 존재하는 불평등을 가져다가 증폭시킨다."라는 카네발레의 논지에 동의하지 않기는 어려울 것 같다.[44]

미국만의 문제는 아니다. 폴 그레그의 연구팀에 따르면 영국에서 세대 간 계층 이동성이 줄어든 큰 이유 중 하나는 '고등 교육의 확대'다.[45] 가만, 고등 교육의 '확대'라고? 그렇다. 잘못 읽은 것이 아니다. 고등 교육이 확대되면서 늘어난 입학 정원을 부유층 아이들이 더 많이 차지했고, 따라서 이들이 이후에 부유층이 될 기회도 더 커진 것이다.

꽤 다른 환경에서 자라는 아이들

지금까지 나는 미국에서 중상류층과 나머지 사이에 근본적인 계급 분화가 발생하고 있다는 것, 그리고 중상류층 아이들은 보통의 아이들과 매우 다르게 자란다는 것을 설명했다. 이러한 불평등은 일시적인 것이 아니다. 계층 간 불평등은 지속되고 강화되고 세대를 넘어 이어지고 영속적으로 고착된다. 오늘날 미국에서 중상류층의 지위는 이전 어느 때보다도, 다른 어느 나라에서보다도 효과적으로 세습되고 있다. 우리가 직면한 문제는 단지 계급의 분화가 아니라 계급 분화의 영속성이다. 이는 미국인에게 매우 큰 경종을 울려야 마땅하다.

4.

유리 바닥 위의
사람들

불평등이 심화된다는 것은 중상류층에서
떨어질 경우 더 깊게 추락한다는 것을 의미한다.
그러면 중상류층 부모는 자녀가 떨어지지 않도록
유리 바닥을 깔아 주고자 할 동기가 커지며,
그들은 그렇게 할 수 있는 자원도 있다.

버락 오바마는 두 번째 취임사에서 이렇게 말했다. "비참하게 가난한 환경에서 태어난 어린 소녀가 자신은 미국인이기 때문에 다른 사람과 똑같은 성공의 기회를 갖고 있다는 것을 안다면, 자신이 자유로우며 하나님 앞에서만이 아니라 모든 미국인들 앞에서도 평등하다는 것을 안다면, 우리는 미국이 미국의 신조에 충실한 나라라고 말할 수 있을 것입니다."[1]

물론 유토피아적인 말이다. 비참하게 가난한 환경에서 태어난 어린 소녀는 부유한 환경에서 태어난 아이와 똑같은 성공의 기회를 가질 수 없을 것이다. 하지만 매우 유용한 유토피아이기도 하다. 우리가 지향해야 할 방향을 가리켜 주기 때문이다. 우리는 사회적 지위가 출신 배경에 의해 좌우되지 않는 사회를 지향한다.

능력 본위주의를 바람직하게 여기는 나라는 많지만, 기회의 평등이 거의 국가적인 종교처럼 믿어진다는 점에서 미국은 독특한 나라다. 여기에서 '사회적 평등'이라는 개념과 성공을 위해 노력할 '개인적 자유'라는 개념이 조화된다. 앞의 발언에서 오바마 대통령도 미국에 비참하게 가난한 환경에서 태어나는 아이들이 존재할 수 있다는 점은 암묵적으로 인정하고 있다. 관건은 가난하게 태어나는 것 자체가 아니라 그렇게 태어난 아이들이 가난한 환경에 고착되느냐다. 미국인들은 다른 나라 사람들에 비해 소득 불평등을 더 많이 용인하는 경향이 있는데, 이는 세대마다 가난한 사람들이 부유한 사람들과 공정하게 경쟁하며 더 뛰어난 사람이 성공할 것이라고 믿기 때문이다. 미국인들은 늘 승리자를 좋아했다. 하지만 승리자들이 공정하고 공평하게 이기기를 원했다.

나의 옛 조국은 계급 구분과 세습 지위가 존재하는 나라로 유명하다. 영국에서는 아직도 국왕의 재가 없이는 법안이 발효되지 못하고 상원에는 세습 귀족 의원들이 있다. (내가 지지한 정당이 집권했을 때 세습 귀족 의원을 없애려 시도한 적이 있긴 한데, 그것은 또 다른 이야기다.)

세습되는 지위(정치적, 사회적, 경제적 지위 어느 것이든)라는 개념은 미국의 자아 이미지와 상충한다. 미국 사람들은 미국 사회가 지배층 구성원이 건전하게 순환하는 열린 사회라고 생각한다. 미국에서 당신이 무언가를 잘하면 작위가 아니라 훈장을 받는다. 아무도 단지 부모가 누구라는 이유만으로 중요하고 높은 사람이 되지는 않는다. 내가 보니 미국인들은 왕족, 공주, 왕자 이야기를 무척 좋아하던데, 현실에서 자신이 왕족에게 지배받지 않기 때문일 것이다. 미국인에게 외국의 왕이나 여왕은 디즈니 만화의 등장인물이나 마찬가지다. 보기에 재미있고 아무런 해를 끼치지 않는다.

　미국인들이 지도자를 원치 않는다는 말이 아니다. 하지만 미국인은 토머스 제퍼슨이 말한 "(부와 출신에 기초한 인위적인 귀족이 아니라) 사람들 사이에서 (도덕과 재능으로) 자연스럽게 생겨난 귀족" 중에서 지도자가 선택되기를 기대한다.[2] 그런데 바로 여기에 문제가 있다. 오늘날 미국은 여러 유럽 국가보다, 심지어 영국보다도 경직된 계급 구조를 가지고 있다.

　이 장의 주제는 세대 간 계층 이동성이다. 먼저 나는 '위쪽의 경직성'에 초점을 두면서 미국에서 중상류층 지위가 대물림되는 과정을 과거와, 또 다른 나라들과 비교하며 살펴볼 것이다. 이어 "미국에는 계층의 하향 이동성이 더 많이 필요하다."라는 주장을 전개하려 한다.

　나는 이 주장으로 디너파티 분위기를 몇 번 망친 적이 있다. 하향 이동성은 사람들이 좋아하는 개념이 아니다. 사회가 더 평등해져서 아래로 떨어져도 큰 문제가 아니게 된다면 사람들은 하향 이동성에 대해 더 느긋한 태도를 가질 수 있을 것이다. 마찬가지로 모든 사람이 대체로 괜찮게 산다면 소득 계층에서 한두 단계쯤 떨어지는 게 세상이 끝나는 것처럼 보이지 않을 것이다. 하지만 불편한 진실 하나는 계속 남는다. 소득 분포 사다리의 아래 칸에서 태어난 아이들이 커서 위쪽 칸으로 올라가는 경우가 더 많아진다면 위쪽 칸 출신 아이들이 커서 아래 칸으로 내려오는 경우도 더 많아져야 한다. 자, 파티 분위기는 아직 괜찮은가?

상대적 계층 이동성에 주목하라

계층 이동성에 대해 논의할 때는 용어 정의를 명확하게 내리는 것이 매우 중요하다. 나의 관심사는 '상대적인' 세대 간 계층 이동성이며 이것은 '절대적인' 세대 간 계층 이동성과 다른 개념이다.

절대적 이동성은 현재 당신의 소득이 당신의 부모가 당신 나이였을 때보다 높은지 낮은지를 보는 개념이다. 절대적 상향 이동은 대부분의 사람들이 충분히 기대할 만하다. 일반적으로 한 세대 정도의 기간에는 경제가 성장하기 때문이다. 하지만 2016년 라지 체티의 연구 팀이 작성한 논문에 따르면, 20세기 중반 이후 미국에서 절대적 이동성은 크게 감소했으며 1980년에 태어난 사람 중 부모보다 경제적 상황이 나아진 사람은 절반 정도에 불과하다.[3] 이는 이전의 연구들이 제시했던 추산치보다 훨씬 낮은 것으로, 소득 불평등이 심화되고 경제 성장이 둔화된 것을 반영한다.[4]

상대적 이동성은 당신이 당신 세대의 계층 사다리에서 처한 위치와 당신의 부모가 부모 세대의 계층 사다리에서 처한 위치를 비교하는 것이다. 당신이 35세이고 연봉이 5만 달러이며 이 연봉은 백분위에서 60퍼센트선에 해당한다고 해 보자. 그리고 당신의 아버지는 35세였을 때 연봉이 4만 달러(인플레이션을 감안해 조정된 수치라고 치자.)였고 그 당시 4만 달러는 백분위에서 70퍼센트선이었다고 해보자. 절대적 이동성 개념으로 보면 당신은 상향 이동했다. 아버지가 당신의 나이였을 때보다 실질 소득이 1만 달러 많아졌기 때문이다. 하지만 상대적 이동성 개념으로 보면 당신은 하향 이동했다. 당신이 당신 세대의 계층 사다리에서 차지한 위치가 아버지가 아버지 세대의 사다리에서 차지했던 위치보다 낮아졌기 때문이다.

두 가지 개념 모두 중요하다. 아메리칸 드림이 의미하는 바 중 하나는 다수의 대중이 이전 세대에 비해 나아진 소득과 후생을 누릴 수 있다는 것이다. 이것은 절대적 이동성 개념으로 잘 표현된다. 하지만 아메리칸 드림의 또 다른 의미는 바닥에서 태어나도 올라갈 수 있다는 순환과 이동의 가능성이다. 이것은 상대적 이동성 개념이 잘 나타낸다.

전후의 미국은 절대적 이동성의 엔진이었다. 높은 경제 성장을 (적어도 백인 사이에서는) 광범위한 대중이 누릴 수 있었던 덕분에 다수 대중이 절대적 상향 이동을 경험했다. 좋은 집안 출신이 아니어도 제대 군인 원호법이나 학교 인종 분리 철폐 등으로 삶의 기회가 증가하면서 많은 이에게 절대적 상향 이동의 길이 열렸다. 트럭 운전사의 아들도 기업의 창업주가 되어 성공할 수 있었다. 앞에서 언급한 체티의 연구에 따르면 1940년 출생자 10명 중 9명은 부모의 소득을 능가했다. 지금도 이 황금기의 기억이 많은 미국 지도자의 세계관에 단단히 자리잡고 있다. 하지만 이 시기는 장기적으로 보면 전혀 일반적이라고 할 수 없는 예외적인 시기였으며, 흑인에게는 그리 황금기도 아니었다.

그리고 절대적 상향 이동성이 비교적 높던 이 시기에도 '상대적' 이동성은 나아지지 않았다. 미국인들은 부모보다 더 잘살게는 되었지만 소득 사다리를 더 잘 오르락내리락 할 수 있게 되지는 않았다.

　정치적 함의의 측면에서 두 종류의 계층 이동성에는 중요한 차이가 있다. 절대적으로 상향 이동을 할 수 있는 사람의 수에는 제한이 없다. 이론상으로는 모든 사람이 부모보다 높은 생활 수준을 누리게 될 수도 있다. 하지만 상대적 이동성은 반드시 제로섬 게임이고, 따라서 정치적으로 훨씬 더 논란거리가 된다.

　상대적 계층 이동성을 측정하는 데는 소득 탄력성, 수입 탄력성, 순위-순위 경사면, 조건부 천이 확률, 방향 특정적 이동성 등 여러 가지 지표가 쓰인다. 그중 전반적인 그림을 볼 수 있는 좋은 지표로, 우리 연구자들이 "세대 간 소득 5분위별 천이 매트릭스"라는 어마어마한 명칭으로 부르는 것이 있다.(네, 우리 세대의 시대는 가고 있어요.) 그림 4. 1은 체티의 연구팀이 납세 기록을 토대로 분석한 천이 매트릭스를 나타낸 것이다.

　세대 간에 '완벽한' 계층 이동성이 존재한다면 부모가 소득 분포 사다리의 어디에 있는지와 자녀가 성인이 되었을 때 소득 분포 사다리의 어디에 있을지가 아무 상관이 없어야 한다. 즉 각 막대의 모든 칸이 20퍼센트씩이어야 한다. 하지만 현실에는 세대 간에 상당한 경직성이 존재한다. 아이들은 커서 부모가 있었던 소득 계층에 위치할 가능성이 크다.

　보통 가장 많은 관심을 받는 부분은 그림의 왼쪽 아래다. 즉 연구자와 당국자들은 빈곤의 대물림을 주로 우려한다. 물론 빈곤의 대물림은 우려할 만한 일이다. 소득 하위 20퍼센트 가구(하위 20

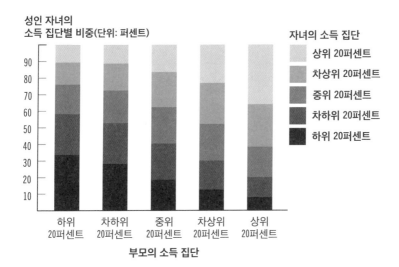

성인 자녀의
소득 집단별 비중(단위: 퍼센트)

자녀의 소득 집단

상위 20퍼센트

차상위 20퍼센트

중위 20퍼센트

차하위 20퍼센트

하위 20퍼센트

하위
20퍼센트

차하위
20퍼센트

중위
20퍼센트

차상위
20퍼센트

상위
20퍼센트

부모의 소득 집단

—— 그림 4.1 소득 지위의 대물림

출처: R. Chetty, N. Hendren, K. Kline, and others, "Where Is the Land of Opportunity? The Geography of Intergenerational Mobility in the United States." *Quarterly Journal of Economics 129* (2014): 1553~623.

퍼센트는 연방 정부가 발표하는 빈곤선과 대략 일치한다.) 출신 아이 중 적어도 3분의 1은 성인이 되어서도 하위 20퍼센트에 남는다. 소득 사다리의 바닥 쪽 칸에 고착되는 것이다. 10명 중 6명은 하위 40퍼센트에 남는다. 하위 20퍼센트에서 성인이 되었을 때 상위 20퍼센트로 올라가는 아이는 10명 중 1명꼴도 안 된다. 이러한 통계를 접하면 대부분의 사람들은 우리 사회가 이래서는 안 된다고 느낀다. 능력 있는 아이들이 가난해서, 교육, 기회, 가족의 지원이 부족해서 뒤처지고 있다니! 거의 모두가 우리 사회에 바닥에서 위쪽으로 더 큰 상향 이동성이 있기를 바란다.

하지만 그림의 오른쪽 위를 보자. 소득 상위 20퍼센트 가구에서 자란 아이 중 37퍼센트가 성인이 되었을 때도 소득 상위 20퍼센트에 존재한다. 이 아이들은 가난한 아이들이 바닥 칸에 고착된 것만큼이나 강하게 꼭대기 칸에 고착되어 있다. 체티의 연구 결과는 전혀 특이한 것이 아니다. 어느 연구자가 어느 데이터를 가지고 분석해도 꼭대기 쪽에서 바닥 쪽만큼이나 강한 세대 간 경직성이 발견되며, 꼭대기 쪽의 경직성이 바닥 쪽보다 크다는 연구 결과도 많다.

뉴욕 대학의 플로렌시아 토치는 세대 간 소득 수준의 연계성을 조사해서 아래쪽보다 위쪽에서 경직성이 더 강하다는 것을 발견했다. "가난한 부모를 둔 아이들이 동질적으로 가난한 정도보다 부유한 부모를 둔 아이들이 동질적으로 부유한 정도가 더 크다."[5] 스탠퍼드의 파블로 미트니크와 데이비드 그러스키는 세대 간 소득 탄력성을 분석했는데, 역시 꼭대기 쪽이 바닥 쪽보다 경직성이 컸다.[6] 무엇을 지표로 잡든 동일한 양상이 발견된다. 고소득은 가난의 대물림만큼, 혹은 가난의 대물림보다 더, 경직적으로 대물림된다.

소득 대신 부를 지표로 잡아 살펴보면 세대 간 계층 이동성은 심지어 더 낮으며, 역시 꼭대기 쪽이 더 경직적이다. 그림 4. 2에서 볼 수 있듯이, 부를 기준으로 상위 20퍼센트 가구에서 태어난 아이 중 거의 절반(44퍼센트)이 성인이 되었을 때도 상위 20퍼센트에 속한다.[7]

학력을 지표로 잡으면 어떨까? 대체로 높은 학력이 높은 수

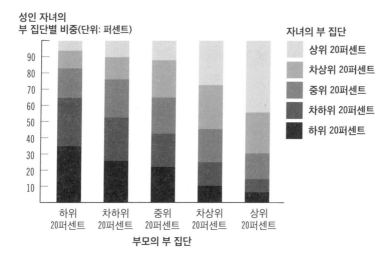

그림 4. 2 부 지위의 대물림

출처: Fabian T. Pfeffer and Alexandra Achen Killewald, "How Rigid Is the Wealth Structure and Why? Inter-and Multigenerational Associations in Family Wealth," PSC Research Report No. 15-845 (September 2015). 45-64세(표본 수=1975명) 중 순 자산 가치 기준 5분위 분포. 각 분위 구분선은 2013년 달러 기준.

입을 의미한다는 점에서 보면, 소득이나 부를 지표로 잡았을 때와 비슷한 양상이 나타나리라 예상해 볼 수 있다. 하지만 다른 한편으로 보면, 교육은 "평등을 일구는 가장 위대한 기제이자 사회라는 기계의 평형 바퀴"(호레이스 만의 표현)여야 마땅하다. 만약 그렇다면, 교육 수준의 세대 간 이동성이 부나 소득의 세대 간 이동성보다 높으리라 예상해 볼 수 있다. 그림 4. 3 '세대 간 학력 5분위별천이 매트릭스'에서 확인해 보자.

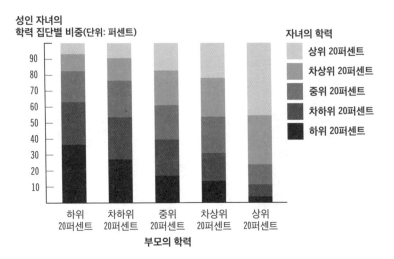

성인 자녀의
학력 집단별 비중(단위: 퍼센트)

자녀의 학력
상위 20퍼센트
차상위 20퍼센트
중위 20퍼센트
차하위 20퍼센트
하위 20퍼센트

부모의 학력

하위
20퍼센트
차하위
20퍼센트
중위
20퍼센트
차상위
20퍼센트
상위
20퍼센트

—— 그림 4. 3 학력의 대물림

출처: PSID 자료를 이용해 내가 계산한 것이다. 방법론에 대한 자세한 내용
은 다음을 참고하라. "The Inheritance of Education" (www.brookings.
edu/blog/social-mobility-memos/2014/10/27/the-inheritance-of-
education/).

　　부를 기준으로 잡았을 때와 마찬가지로, 부모의 학력이 상
위 20퍼센트인 가구에서 태어난 아이의 거의 절반(46퍼센트)이 커
서 그와 비슷한 학력을 획득했고 4분의 3(76퍼센트)이 상위 20퍼센
트와 차상위 20퍼센트 구간에 속했다. 소득을 기준으로 했을 때와
비교해 보면, 학력 꼭대기 쪽의 경직성이 소득 꼭대기 쪽의 경직성
보다 크다. (한편 절대적 이동성 개념으로 보면, 세대 간에 소득이 절대적
으로 증가했듯이 학력 수준도 올라갔다. 이 표본에서 1950~1968년에는 4년
제 학위 이상이어야 상위 20퍼센트에 속했는데 이전 세대인 1920~1940년

에는 2년제 학위 이상이면 상위 20퍼센트에 속했다.)

노동 시장에서 교육의 가치가 높아질수록 교육은 계급 재생산의 도구로도 더 유용해진다. MIT의 경제학자 데이비드 오터에 따르면 "학력은 가족 구성원들 사이에 매우 비슷하게 유지되며," 따라서 "교육에 대한 기대 수익이 높다는 말은 고학력자 부모를 둔 아이는 두 배로 유리하다는 의미"가 된다. 부모의 높은 학력과 높은 소득, 두 가지 모두 자녀가 커서 높은 학력과 높은 소득을 갖게 될 가능성을 높인다.[8] 이 과정은 다음 세대로도 계속 이어진다. 부도 그렇다. 부유한 집안은 자녀, 손주 대대로 계속 부유할 테지만 이 세습은 직접적인 상속을 통해서라기보다는 교육을 통해서, 즉 유산보다는 학위를 통해 이뤄질 것이다.[9]

능력 본위 사회임을 자랑스러워하는 나라치고는 소득, 부, 교육 면에서 미국의 세대 간 계층 이동성이 너무 낮으며 이것이 계층 사다리에서 아래쪽만의 문제가 아니라는 점에 대해 지금쯤이면 독자 여러분이 충분히 설득되었기를 바란다. 그렇더라도 여러분은 상황이 악화되고 있는지 개선되고 있는지의 추이가 당연히 궁금할 것이다. 실제로 미국을 "다시 위대하게 하자."라거나 아메리칸 드림을 "회복하자."라는 식의 화법에서 보듯이 정치 담론도 변화의 추세를 중심으로 이뤄지는 것이 많다.

좌우를 막론하고 정치계에서는 대개 상황이 악화되고 있다고 보는 듯하다. 오바마 대통령은 "미국에서 불평등과 상향 이동의 경직성은 이미 위험한 수준이고 점점 더 심해지고 있다."라며 "이것이 열심히 노력하면 더 나은 삶을 누릴 수 있다는 중산층 미국인의 기본적인 믿음을 망가뜨리고 있다."라고 우려했다.[10] 몇 주 뒤 하원 의원 폴 라이언도 "현재 미국에서 상향 이동성의 엔진은 마땅한 방식으로 작동하고 있지 않다."라고 말했다.[11]

하지만 데이터가 보여 주는 바는 이보다 덜 분명하다. 연구자들은 상대적 계층 이동성이 악화되었는지에 대해 의견이 갈린다. 라지 체티의 연구 팀은 방대한 데이터를 면밀히 분석해 "20세기 후반기 동안 미국의 상대적 계층 이동성은 안정적으로 유지되어 왔다."라고 결론 내렸다.[12] 반면 시카고 연방 준비은행의 경제학자 바슈카르 매줌더 등은 1970년대 어느 시점을 기점으로 상대적 계층 이동성이 줄어들기 시작했으며 그 시점은 불평등이 증가하기 시작한 시점과 대략 일치한다고 주장한다.[13]

소득 불평등이 증가하면 세대 간 계층 이동성이 낮아지리라는 것은 직관적으로 매우 설득력이 있다. 소힐이 설명했듯이, "소득 사다리의 칸들이 서로 너무 멀리 떨어져 있으면 오르기가 어렵다."[14]

경제학자 앨런 크루거는 2012년에 한 강연에서 소득 격차와 세대 간 계층 이동성이 역의 상관관계가 있음을 보여 주는 그래프에 "위대한 개츠비 곡선"이라는 생생한 이름을 붙였다.[15] 이때 크루거는 소득 불평등이 높은 나라는 세대 간 계층 이동성이 낮다는 것을 보여 준 경제학자 마일스 코락의 연구[16]를 인용했다.

이 가설을 입증하거나 반증하기 위해 수많은 연구자들이 수없이 회귀 분석을 돌려가며 수많은 논문을 내놓았는데,[17] 종합해 보면 이 가설은 입증도 반증도 되지 않았다. 하지만 이 가설의 입증 여부 자체는 중요하지 않을지 모른다. 높은 불평등과 낮은 계층 이동성의 결합은 그 둘 사이에 통계적으로 유의한 상관관계가 있든 없든 간에 사회에 매우 해롭기 때문이다.

그렇지만 그 둘의 상관관계와 관련해서 한 가지 살펴볼 것이 있다. 불평등과 계층 이동성 사이에 관련이 있다 하더라도 전체적인 불평등 지표나 전체 인구를 대상으로 한 이동성 지표에는 잘 드러나지 않을 것이다. 그보다는 격차가 벌어지고 있는 특정한 지점에서 가장 가시적으로 드러날 것이고 그 지점은 꼭대기 쪽이다. 앞에서 설명했듯이, 소득 불평등이 커지는 것은 상위 20퍼센트가 나머지 인구로부터 점점 더 멀어지고 있기 때문이다. 그렇다면 이것이 최상위 구간의 계층 이동성이 더 경직되어 있다는 사실과 관련이 있을까?

관련이 있는 것으로 보인다. 스콧 윈십은 데이터를 굉장히 신중하게 분석하기로 유명한데, 1950년대, 1970년대, 1980년대 초의 남성 출생자를 대상으로 세대 간 계층 이동성을 조사한 결과 (1960년대는 양질의 데이터가 없다.), 상위 계층의 경직성(상위 20퍼센트의 소득 지위가 다음 세대로도 이어지는 가능성)이 1950년대생 사이에서는 33퍼센트였다가 1970년대와 1980년대생의 경우 각각 40퍼센트와 38퍼센트로 증가했음을 발견했다. 상위 계층에서의 소득 불평등 증가가 상위 계층의 대물림 증가로도 이어졌다는 가설을 뒷받침하는 결과다.

직업 지위의 대물림에서도 비슷한 경향이 발견된다. 파블로 미트닉, 에린 컴버워스, 데이비드 그러스키는 1970년대부터 2000

년대까지의 25~40세 성인을 대상으로 부모 중 적어도 한 명이 경영직 또는 전문직에 종사할 경우 어떤 직업을 갖는지를 추적 조사했다. 세대 간의 '전문직 지위 재생산'은 1970년대 표본과 1980년대 표본 사이에서는 낮아졌다가 1980년대 표본과 1990년대 표본 사이에서는 비슷하게 유지됐고 2000년대 표본부터는 다시 높아졌다. 이런 양상은 임금 격차가 커진 것, 특히 직업 사다리의 꼭대기 칸에서 소득의 '도약'이 발생한 것과 궤를 같이 한다. 전문직-경영직 직군의 소득이 나머지 직군에 비해 현격히 높아서, "전문직-경영직 부모들이 자녀 세대에 직업적 지위를 대물림하고자 하는 강한 이해관계를 더 안정적으로 실현시킬 수 있게 되었기" 때문이다.[18]

세대 간 이동성 연구에서 곤란한 점 하나는 세대가 꽤 긴 기간이라는 점이다. 자녀의 직업이 부모의 직업과 어떻게 관련되는지 알기 위해서는 30~40년이 소요되기 때문에 계층 이동성이 악화되었다는 것을 데이터로 확인했을 때는 그것을 막을 조치를 취하기에는 이미 너무 늦었다는 이야기가 된다. 따라서 확인되기를 마냥 기다릴 게 아니라 예방의 원칙에 따라 지금 무언가 조치를 취해야 한다.

소득, 가족 구성, 교육 등의 많은 격차가 미국에서 더 두드러지긴 하지만 미국만의 문제는 아니다. 산업화된 국가 대부분이 불평등 문제를 겪고 있다.[19] 하지만 세대 간 계층 이동성에서는 미국이 유독 성과가 안 좋다.

계층 이동성 논의에서 흔히 간과되는 것이 하나 있다. 상향 이동성보다 '하향 이동성'에서 국가 간 차이가 더 크다는 사실이다. 이에 대해 현재까지 수행된 가장 정교한 연구로는 마르쿠스 얀티가 이끄는 국제 팀이 미국, 영국, 북유럽 국가들을 비교한 연구를 꼽을 수 있다.[20] 나는 연구자로서는 상위 20퍼센트가 궁금했고 개인적으로는 나의 옛 조국과 새 조국의 차이가 궁금했다. 이 연구에 따르면, 미국이 영국보다 상위 계층(소득 기준)의 경직성이 크다. 상위 20퍼센트 가구에서 태어난 아이 중 성인이 되어서도 상위 20퍼센트에 속하는 비중이 미국은 36퍼센트, 영국은 30퍼센트다.

마일스 코락은 아버지와 아들의 소득 순위 자료를 이용해 미국과 캐나다의 세대 간 계층 이동성을 비교했다. 여기에서도 미국이 캐나다보다 꼭대기 쪽 경직성이 더 컸다.[21] 또 에스펜 브라트버그와 공동 연구자들은 미국과 독일을 비교했는데, 전반적으로 미국에서 이동성이 더 낮으며 이는 상당 부분 위쪽의 경직성이 큰 데서 기인한다고 설명했다.[22]

미국은 위쪽에서 태어난 사람이 커서도 위쪽에 머무는 경향이 다른 나라보다 강하다. 심지어 영국보다도 그렇다. 또한 이들은 아래로 떨어져도 다른 나라에 비해 많이 떨어지지 않는다. 그러니 영국 가지고 계급 문제로 뭐라고 하는 건 좀 그만하자.

계층의 하향 이동성을 높여야 한다

상향 이동성이 다들 좋아하는 개념인 것과 대조적으로 하향 이동성, 즉 아래로 떨어질 가능성을 높이자는 것은 그리 환영받는 주장이 아니다. 위쪽 사람들만 그런 것이 아니다. 심리학자 샤이 다비다이와 토머스 길로비치는 미국인들이 어느 정도의 상향 이동성과 하향 이동성을 이상적이라고 생각하는지 알아보는 설문 조사를 진행했다.[23] (여기에서 이동성은 상대적 이동성을 의미한다.) 우선, 응답자 대부분은 소득 사다리의 바닥에서 태어난 사람들이 위쪽으로 올라갈 수 있기를 바랐다. 그들은 하위 20퍼센트에서 태어난 아이 중 성인이 되었을 때도 하위 20퍼센트에 머무는 비중이 20퍼센트보다 낮기를 원했다.

반면 아래로 떨어지는 경우는 그리 많이 보고 싶어 하지 않았다. 응답자들은 상위 20퍼센트 가구에서 태어난 아이 10명 중 4명이 성인기에도 그 지위를 유지하기를 원했다. (이것은 실제 수준보다 약간 높다.) 수학적으로 볼 때, 응답자들의 바람대로 되려면 하위 80퍼센트 사이에서는 '완벽'에 가까운 이동성을 갖되(즉 빈곤층과 중산층 사이에서 오르락내리락이 많이 이뤄지되) 상위 20퍼센트는 안정적으로 유지되어야 한다. 미국인들이 정말로 원한 게 이것이었을 것 같지는 않다. 그보다 설문 결과가 말해 주는 핵심은 미국인들에게 하향 이동성이 그리 호소력 있는 개념이 아니라는 사실일 것이다. 하향 이동성이 높아질 때 잃을 게 많은 위쪽 사람들만 그런 게 아니라 일반적으로 그렇다.

친애하는 중상류층 독자께
이제까지 미뤄 두었던 이야기를 여기에서 하겠습니다.
당신이 더 공정하고 계층 간 이동성이 더 큰 사회를 진정으로 원한다면, 거기에 반드시 따라와야 할 불편한 사실 하나를 회피하지 말아야 합니다. 우리 아이들이 더 많이 아래로 내려가야 하리라는 사실 말입니다. 이것은 도덕적인 주장이 아니라 단순한 산수입니다. 상위 20퍼센트에는 인구 중 20퍼센트만 있을 수 있습니다. 그러므로 더 많은 사람이 사다리를 올라 상위 20퍼센트 칸에 들어오게 하려면 그 칸에서 그만큼 많은 사람이 아래로 내려가야 합니다.

수학적으로 볼 때 상대적인 상향 이동에는 반드시 하향 이동이 수반되어야 한다는 것을 논외로 하더라도, 하향 이동성은 한 사회의 유동성과 계층 상승 기회를 말해 주는 좋은 지표다. 한 학자는 (누구였는지는 안타깝게도 기억이 나지 않는다.) 그것을 "지배 엘리트의 순환"이라고 불렀다. 또 1969년에 미국의 사회학자 S. M. 밀러는 다음과 같이 언급했다.

상향 이동성에 관심이 집중되느라 하향 이동성의 규모와 중요성이 마땅히 받아야 할 관심을 받지 못하고 있다. 하지만 사회의 유동성을 가늠해 보기에는 하향 이동성이 상향 이동성보다 좋은 지표일 것이다. …… 높은 계층의 아들들이 아래로 떨어지는 것을 허용하는 사회가 평범한 계층의 똑똑한 아들들이 위로 올라갈 수는 있을지언정 높은 계층의 아들들은 특권을 계속 유지하는 사회보다

더 열린 사회다.[24]

지난 반세기간의 계층 이동성 추이를 보건대, 밀러의 주장은 ("아들들" 대신 "아들과 딸들"로 바꾼다면) 오늘날 타당성이 더 크다.

이것은 단지 공정성만의 문제가 아니다. 사회의 중상류층, 즉 사회를 관리하고 분석하고 논평하고 방송하고 지배하는 사람들이 전 계층 출신을 통틀어 가장 뛰어난 사람들로 구성되게 하는 것은 단지 도덕적인 이상이 아니라 사회의 효율성을 높이는 길이다.

협소한 사례를 하나 들면, 올레그 추프리닌과 드니스 소시유라의 연구 결과, (다른 변수들을 통제했을 때) 가난한 배경 출신의 펀드 매니저들이 부유한 가정 출신의 펀드 매니저들보다 펀드 운용 성과가 좋은 것으로 나타났다.[25] 설득력 있는 설명 하나는 금융 분야에서 좋은 직업을 가질 정도로 성공하기 위해서는 가난한 배경 출신의 펀드 매니저들이 애초에 더 똑똑해야 했으리라는 것이다. 추프리닌과 소시유라가 품위 있는 표현으로 언급했듯이, 부유한 집안 출신의 펀드 매니저들은 "낮은 계층 출신 펀드 매니저들보다 성과 면에서 편차가 더 컸다." (이는 사회 경제적으로 높은 계층 출신에게는 이 업종에 취직하는 데 진입 장벽이 낮았다는 의미다.) 더 노골적인 표현으로 다시 말하면, 번드르르한 부잣집 자제 중에 쓸모없는 사람이 더 많았다.

이 사례가 주는 협소한 교훈은 다음과 같을 것이다. 전문직에 사람을 고용할 때는 유려하고 번드르르한 매너를 가진 사람보다 험하게 큰 사람을 뽑아라. 하지만 여기서 알 수 있는 더 큰 함의는 사회적 계층 이동성과 그 사회의 경제적 성과 사이에 상관관계가 있다는 점이다. 가난하지만 똑똑한 아이들을 사다리의 위쪽으로 올라갈 수 있게 하면 노동의 질이 향상되고 생산성이 높아진다.

시장 경쟁과 효율성의 논리로 하향 이동성을 주장하면 보수주의자들 중에서는 동의할 사람들을 찾을 수 있을지도 모르지만 진보주의자들을 설득하기는 어려울 것이다. 실제로 좌파 성향인 사람들 중에는 계층 이동성에 초점을 맞추면 더 중요한 문제인 경제 불평등에서 관심을 흩뜨리게 된다고 우려하는 사람이 많다. 계층 이동성을 논하는 것은 경제 불평등에 대해 아무 일도 안 하는 것에 대한 변명에 불과하다고까지 보는 사람도 있다.

하지만 이것은 잘못된 이분법이다. 둘을 헷갈릴 만큼 어리석지만 않다면, 더 높은 이동성과 더 강한 평등을 함께 추구하지 말아야 할 이유가 없다. 더 중요한 것은 하향 이동성이 낮으면 재분배 정책에 대해 사람들의 지지를 구하기가 더 어려워질 수 있다는 것이다. 부유한 부모들이 자기 자녀의 지위가 떨어지지 않을 것이라고 합리적으로 확신할 수 있다면 저소득층을 위한 제도와 정책을 지지해야 할 이유가 줄어들 것이다. 자기 아이들에게는 필요 없는 정책일 테니 말이다.[26]

철학자 존 롤스는 공정한 사회는 사람들이 계급 사다리에서 자신이 어느 칸에 있게 될지 모르는 상태에서, 그의 표현으로는 "무지의 베일"을 쓴 상태에서, 그 사회의 사회 구조에 동의할 수 있는 사회라고 말한 바 있다. 무지의 베일을 쓴 상태는 "자신이 사회에서 어느 자리에 있게 될지, 자신의 계급적 지위나 사회적 지위가 무엇이 될지, 또 자신이 자연적으로 갖게 될 능력, 지능, 강점 등이 어느 정도일지 알지 못하는" 상태를 말한다.[27]

사회 계약설에 기반한 롤스의 우아한 사회 정의론은 20세기의 가장 괄목할 만한 철학적 진보를 가져왔다고 말해도 과언이 아닐 것이다. 그의 이론은 평등주의를 크게 꽃피우는 데 일조했다. 하지만 그의 사고 실험은 선호와 견해가 형성되는 실제 세계와는 거리가 멀다. 롤스를 읽는 우리 중 자신이 어느 계급에 위치할지를 아예 모르는 사람은 거의 없을 것이고, 아마도 꽤 정확하게 예측하고 있을 것이다.

자녀에 대해서라면 불확실성이 조금 더 크다. 공정한 사회에 대한 롤스의 사고 실험에서 초기 조건을 다음과 같이 조금 바꿔야 할 것 같다. 사람들이 "자신의 '자녀'가 사회에서 어느 자리에 있게 될지, '자녀'의 계급적 지위나 사회적 지위가 무엇이 될지, 또 '자녀'가 자연적으로 갖게 될 능력, 지능, 강점 등이 어느 정도일지 알지 못하는" 채로 선택할 사회가 공정한 사회일 것이라고 말이다.

나는 중상류층 부모들이 그들의 자녀가 (그리고 손주가) 장래에 여전히 중상류층 지위를 가질 수 있으리라는 확신을 덜 갖게 된다면 재분배 정책을 더 많이 지지할 것이라고 생각한다. 자신의 자녀가 하향 이동을 할 가능성이 현실적으로 충분히 존재한다고 느낀다면 하향 이동을 할 때 연착륙을 할 수 있게 해 주는 정책에 더 열린 태도를 갖게 될 것이다.[28]

하지만 현재의 구조에서는 중상류층에서 아래로 이동하는 것이 연착륙이 아니라 추락으로 보인다. 중상류층과 나머지 사이

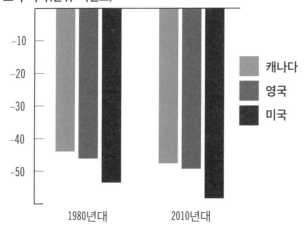

90퍼센타일 선과 50퍼센타일 선의
소득 격차(단위: 퍼센트)

캐나다
영국
미국

1980년대 　　　2010년대

—— 그림 4. 4 깊은 추락

출처: Organization for Economic Cooperation and Development,
"Decile Ratios of Gross Earnings" (http://stats.oecd.org/Index.
aspx?DataSetCode= DEC_I).

의 격차가 크게 벌어졌기 때문이다. 임금만 보더라도 한두 단계 떨
어지는 것이 매우 심각한 일이 될 수 있다.[29] 그림 4. 4에서 볼 수
있듯이 상위와 중위의 소득 격차는 미국이 다른 나라보다 크고, 계
속해서 더 벌어지고 있다.

　　중상류층에서 떨어지는 것이 치명적인 결과를 가져올수록
중상류층은 기를 쓰고 자신과 자녀의 중상류층 지위를 지키려 할
것이다. 따라서 다른 나라의 부모보다 미국의 중상류층 부모는 장
래의 자녀에게 사다리의 높은 칸을 보장해 주기 위해 안간힘을 써

야 할 이유가 많을 것이다.

2013년 가을에 나는 《뉴욕 타임스》에 「유리 바닥 문제(The Glass Floor Problem)」라는 제목의 칼럼을 썼다.[30] 이 책에 제시한 몇 가지 경향을 일별하면서, 나는 상대적 상향 이동에는 상대적 '하향' 이동이 반드시 필요하다고 주장했고 동문 자녀 우대, 불공정한 인턴 채용과 같은 "기회 사재기" 메커니즘들을 명시적으로 비판했다. 칼럼에 수많은 의견이 쏟아졌는데, 일리노이주 오크파크에 사는 'JB'라는 사람이 쓴 댓글이 특히 기억에 남는다.

> 아이가 상위 20퍼센트에 계속 있게 하고자 하는 부모의 절박함은 …… 적어도 부분적으로는 21세기에 중간층과 하층 젊은이들에게 벌어진 일들을 보면서 느낀 두려움 때문이다. 직업의 불안정성, 임시직과 계약직 위주의 일자리, 의료 보험 부재, 아웃소싱 같은 것들 말이다.

다음과 같은 악순환 고리가 작동하고 있다. 불평등이 심화된다는 것은 중상류층에서 떨어질 경우 더 깊게 추락한다는 것을 의미한다. 그러면 중상류층 부모는 자녀가 떨어지지 않도록 유리 바닥을 깔아 주고자 할 동기가 커지며, 그들은 그렇게 할 수 있는 자원도 있다. 그래서 기회 사재기를 포함해 자신이 할 수 있는 것을 다해서 자녀의 하향 이동 위험을 줄여 주려고 한다. 그들의 노력이 성공적일 경우, 위쪽이 더 경직적인 계층 구조가 생겨나게 된다. 그러면 중상류층은 자녀가 계층을 계속 유지할 것이라고 확신하게 되어 재분배 정책에 돈을 지불할 의향이 줄어든다. 그러면 불평등이 더 심화된다.

이 악순환을 깨기는 쉽지 않을 것이다. 모든 지점에서 개입이 필요하며, 이는 위쪽에서 벌어지는 계급 분리와 계급 영속성의 정치적 함의를 우리 중상류층이 회피하지 않아야만 가능하다.

저명한 보수주의 학자인 유발 르빈은 "우리의 목적은 불평등 자체와 싸우는 것이 아니라 계층의 경직성과 싸우는 것"이라고 말했다.[31] 나도 동의한다. 그런데 그는 이렇게 덧붙였다. "빈곤이 문제이지 부는 사회적 문제가 아니다 …… 몇몇이 부자가 된다고 해서 그게 다른 이들의 빈곤을 일으키는 원인이 되는 것 같지는 않다."

하지만 부유한 아이들에게 '부'가 '기회'로 변환된다면 계층의 하향 이동성이 줄어들 것이고 (단순한 수학적 사실이 말해 주듯이) 이는 상향 이동성 또한 줄어들게 되리라는 것을 의미한다. 몇몇의 부가 다른 이들에게 빈곤을 일으키는 원인은 아닐지 모르지만 계층 간 경직성을 높이는 원인이 될 수는 있다. 그리고 르빈 본인도 말했듯이 이것은 중요한 사회적 문제다.

이제까지 살펴보았듯이 미국의 중상류층은 상당히 성공적으로 지위를 대물림하고 있다. 그런데 능력 본위 사회임을 그토록 고고하게 주장하는 나라에서 이러한 대물림이 어떻게 이뤄지고 있을까? 이것이 다음 장의 주제다.

5.

고소득 일자리는
어떻게 대물림되는가

중상류층 아이들은 노동 시장에 진입할 무렵이면
다른 사람들보다 많은 능력을 갖춘 상태여서
경쟁에서 더 유리한 위치에 선다. 미국의 능력
본위 시스템은 계급 장벽을 부수기는커녕
유지하고 영속화하는 메커니즘으로 변질되었다.

미국은 능력 본위적인 시장을 가지고 있지만 불공정한 사회다. 미국의 노동 시장은 경제적 가치를 창출하는 종류의 능력(기술, 지식, 지능 등)에 보상하는 기능을 매우 잘 수행한다. 불공정한 지점은 경쟁 자체가 아니라 경쟁에 나서기 위한 준비를 하는 단계에서 발견된다.

베스트셀러 『힐빌리의 노래: 위기의 가정과 문화에 대한 회고』의 저자인 J. D. 밴스의 경우를 생각해 보자. 어린 시절과 젊은 시절에 밴스는 (정치적으로 올바르지 않은 표현이지만) '백인 쓰레기'였다. 하지만 30세의 밴스는 샌프란시스코의 투자 은행가이자 베스트셀러 저자가 되었다. 『힐빌리의 노래』에는 그가 중상류층의 규범과 행위를 익히면서 겪었던 고통스러운 적응 과정이 생생하게 묘사되어 있다. 하지만 일단 능력을 내보일 수 있게 되자 그 다음부터는 그의 경로에 별다른 장애물이 생기지 않았다. 노동 시장 자체는 계급 차별을 하지 않는다.

1910년에 시어도어 루즈벨트는 이렇게 말했다. "나는 사람들이 경주에서 각기 다른 속도로 달린다는 것을 아주 잘 알고 있습니다. 나는 승리할 만큼 빠르지 못한 사람이 상을 받는 것은 원하지 않습니다. 하지만 출발선이 모두에게 공정하기를 원합니다."[1]

하지만 노동 시장에서 성공하는 데 필요한 재능과 기술, 즉 '능력'을 발달시킬 기회는 나고 자란 환경에 따라 매우 불평등하게 주어진다. 현재 미국의 노동 시장은 모두가 '공정한 출발선'에 서는 것과는 거리가 멀다. 밴스와 비슷한 환경에서 나고 자란 사람이 성공하려면 밴스만큼 예외적이어야 한다. 반면 중상류층 아이들은 생애의 첫 사반세기를 인적 자본을 육성하는 온실에서 자라면서 노동 시장에서 성공하는 데 필요한 능력을 착착 갖춰 나간다.

능력 본위적인 시장은 사회적인 장벽을 낮추는 방향으로 기능해야 마땅하다. 인종, 젠더, 배경이 아니라 능력과 자질로 사람들을 평가할 것이기 때문이다. 마틴 루터 킹 주니어가 말한 "됨됨이"도 평가의 기준이 될 수 있을 것이다. 실제로 시장은, 적어도 어느 정도는, 이렇게 작동한다. 오늘날에는 여성과 유색 인종도 예전보다 제약을 덜 받으면서 시장에서 경쟁하고 성공한다. 능력 본위라는 가치가 느리게나마 승리한 덕이다. 능력 본위의 이상은 차별을 없애는 데 일조하고 있다. 최근에 미국에서는 흑인 대통령 후보가 (초선뿐 아니라 재선에서도) 당선되었고, 동성혼이 합법화되었으며, 여성에게도 전투 보직을 포함한 군의 모든 보직이 개방되었다.

하지만 다른 이야기도 있다. 시장에서 능력 본위의 이상이 높아지면서 능력을 발달시킬 수 있는 기회의 불평등이 인종과 계급 두 차원 모두에서 심화되었다. 크리스토퍼 헤이스는 『엘리트의 황혼』에서 이렇게 언급했다. "운동장은 평평한지 몰라도, 어떤 아이들은 밤과 주말에 미리 연습해 경기에 대비한다 …… 능력의 피라미드는 부와 문화 자본의 피라미드를 반영하게 되었다."[2]

나도 그렇게 생각한다. 현재 미국의 능력 본위 시스템이 가진 문제는 시장이 인정하는 종류의 능력이 불평등하게 육성된다는 데 있다. 대체로 중상류층 아이들은 노동 시장에 진입할 무렵이면 다른 사람들보다 많은 능력을 갖춘 상태여서 경쟁에서 더 유리한 위치에 선다. 미국의 능력 본위 시스템은 계급 장벽을 부수기는커녕 유지하고 영속화하는 메커니즘으로 변질되었다. 2015년《이코노미스트》에 실린 한 기사는 이를 일컬어 "세습적 능력 본위제"라고 표현했다.[3]

이것이 불공정하고 문제라고 생각된다면, 두 가지 해법이 있다. 능력을 가늠하고 보상을 제공하는 시스템으로 노동 시장을 사용하지 말고 다른 제도를 만들거나, 아니면 능력을 육성하는 기회를 평등하게 만들거나. 그런데 시장을 버리자는 것은 억지스러운 정도를 넘어 멍청한 생각이다. 시장은 경제적 번영을 증대시키고 빈곤을 감소시키며 후생 수준을 높이고 선택의 자유를 강화한다. 따라서 우리의 목표는 시장 경쟁을 줄이는 것이 아니라 더 많은 경쟁자가 시장에 진입하게 하는 것이어야 한다. 디보팜 바타샤

리야와 바슈카르 매줌더는 교육과 기술이 세대 간 계층 이동성을 좌우하는 핵심 요인임을 설명한 뒤, 다음과 같은 결론을 내렸다. "노동 시장에 진입하기 전, 능력을 육성하는 단계에서의 개입이 노동 시장 자체에 개입하는 정책보다 더 효과적일 수 있다."[4]

　　노파심에서 덧붙이자면, 규제 없는 시장이 더 낫다고 주장하려는 게 아니다. 많은 경우에 시장은 엄격하게 규제되어야 한다. 시장에서 다른 종류의 가치나 다른 종류의 능력이 충분히 보호되지 않을 경우, 그러한 가치와 능력을 보호하기 위해 규제가 도입될 수 있다. 예를 들어 노동은 경제적 가치뿐 아니라 사회적 가치도 가지므로 최저 임금제를 도입할 수 있다. 또 아이를 돌보는 것은 소중한 활동이므로 유급 휴직을 제도적으로 보장할 수도 있다. 하지만 이런 것들은 보완적인 것이고, 국민 소득을 분배하고 일자리를 창출하는 기본 메커니즘으로서의 역할은 앞으로도 노동 시장이 계속 담당할 것이다. 우리의 목표는 시장을 약화시키는 것이 아니라 능력의 육성을 평등하게 만듦으로써 시장을 더 '경쟁적'이 되게 하는 것이다.

　　'능력 본위'가 자동적으로 '공정함'을 의미하는 것은 아니다. 기회의 평등이 보장되는 사회 쪽으로 조금이라도 움직일 수 있으려면 이 사실을 이해하는 것이 매우 중요하다. 사실 능력 본위라는 말을 처음 만든 사람이 전달하고자 했던 메시지가 바로 이것이었다. 안타깝게도, 제대로 전달되지는 못했지만 말이다.

영국 사회학자이자 작가인 마이클 영은 1958년에『능력 지배 사회의 부상』이라는 제목의 디스토피아 소설을 썼다. 이 책을 쓴 목적은 능력 본위 사회의 어두운 면을 경고하려는 것이었다. 영은 책을 내줄 출판사를 찾지 못해 고전했다.(결국에는 친구가 선심을 써서 출판해 주었다.) 또한 영은 라틴어와 그리스어를 섞어 만든 "meritocracy"라는 신조어가 너무 어려워서 대중이 진지하게 받아들이지 못할까 봐 걱정했다. 그의 걱정과 달리 meritocracy라는 신조어는 널리 쓰이게 되었는데, 문제는 다른 데 있었다. 대중이 그의 경고를 진지하게 받아들이지 않은 것이다.

영의 책은 혁명이 일어나 세습 기반의 권력 구조를 쓸어 없애고 전적으로 '능력,' 즉 IQ와 노력에만 기초하게 된 미래 사회를 그리고 있다. 이 사회는 "출생에 따른 귀족제(aristocracy, 귀족이 지배하는 체제)나 부에 따른 금권제(plutocracy, 돈이 지배하는 체제)가 아니라 똑똑한 사람이 지배하는 진정한 능력제(meritocracy) 사회다."

일견 굉장히 좋은 일 같아 보인다. 귀족이 지배하는 신분제 사회를 쓸어 없애고 모든 이가 능력과 노력으로 지위를 획득하는 능력제 사회가 되었다니!

그러나 이 능력제 사회는 곧 치명적인 결함을 드러내기 시작한다. 그중 하나는 일찍이 커트 보니것이 소설『자동 피아노』에서 예상한 문제이자 이제 너무나 익숙해진 문제로, 똑똑한 사람들이 만든 기계 때문에 덜 똑똑한 사람들의 일자리가 없어진 것이다.

하지만 영이 묘사한 능력제 사회의 더 근본적인 위기이자 이 사회가 결국 대중 폭동으로 무너지게 되는 원인은 계급 구조가 경직되고 부자와 가난한 사람의 격차가 커진 것이다. (일독을 권한다. 장담컨대 읽을 만한 가치가 있는 책이다). 개개인이 '능력'을 얼마나 가지고 있는지는 '과학적인' 척도로 평가되지만, 능력의 정도는 점점 더 집안과 밀접한 관련을 갖게 된다. 소설의 화자는 다음과 같이 설명한다.

> IQ가 125 이상인 모든 성인은 '능력 지배층'에 속한다. 그런데 IQ가 125 이상인 사람 중 상당수가 IQ 125 이상인 사람의 자녀다. 오늘의 지배층이 내일의 지배층을 낳는다. 예전 어느 때보다도 더 그렇다. 지배 계층은 사실상 세습되고 있다. 세습의 원칙과 능력의 원칙이 결합된 것이다.[5]

IQ가 높은 남녀는 서로를 배우자로 맞이해 IQ가 높은 아이를 낳고 아이에게 강도 높은 교육과 훈련을 시킨다. 그래서 지위는 다시 세습된다. 다만 과거와는 조금 다르고 도덕적으로 좀 덜 거슬리는 방식으로 세습된다. "오늘의 지배층이 내일의 지배층을 낳는다."라는 대목은 2장에서 설명한 동류 짝짓기를 연상시킨다. 똑똑함이 중요하다면 우리는 배우자감의 미모나 신체적 장점만이 아니라 지능도 보게 될 것이다.

영이 묘사한 디스토피아와 달리 오늘날 미국에서는 IQ를 정부에서 정기적으로 측정하지 않는다. 하지만 노동 시장에서 매우 중요하게 여겨지는 학력이 영이 묘사한 IQ와 비슷한 기능을 한다. SAT 점수와 명문대 학벌을 생각해 보면 금세 이해가 갈 것이다. 실제로 학력은 대물림되는 경향이 크다. 석박사 학위가 있는 부모를 둔 자녀 10명 중 6명이 대학을 졸업하지만 고졸 부모를 둔 자녀 중에서는 17퍼센트만 대학을 졸업한다.[6]

영이 묘사한 능력제 사회의 두 번째 문제는 불평등의 증가다.

> 사람들이 능력에 따라 구분되므로 불가피하게 계급 격차가 벌어진다. 높은 계급의 사람들은 더 이상 자기 의심이나 자기비판으로 마음이 약해지지 않는다. 오늘날 성공적인 사람들은 그 성공이 자신의 능력과 노력, 그리고 누구도 부인할 수 없는 자신의 성취에 대한 정당한 보상임을 알고 있기 때문이다.[7]

계급이 인위적인 형태의 상속을 통해서가 아니라 시장에서 인정받는 능력을 통해 재생산될 때, 승리자들은 그 결과로 발생하는 모든 불평등이 도덕적으로 정당하다고 확신하기 쉽다. 패배자들에게 자원을 재분배하는 것이 오히려 불공정하게 느껴진다. 자신이 공명정대하게 승리했다고 생각하기 때문이다. 고소득층 사람들은 부자가 부자인 이유는 다른 사람들보다 더 열심히 일했기 때문이라고 생각한다. 반면 소득이 높지 않은 사람들은 부자가 부자인 이유는 조건이 더 유리했기 때문이라고 생각한다.[8]

우리 앞에 놓인 어려운 정치적 과제는, 어떻게 승리자들에게 많은 경우에 그들의 성공이 그들 자신이 탁월해서가 아니라 운 좋게 태어났기 때문임을 깨닫게 할 것인가이다. 그렇게 된다면, 능력 육성의 기회를 더 평등하게 만들기 위한 개혁에 더 많은 지지를 이끌어 낼 수 있을 것이다.

능력 본위의 한계

공정한 상태를 나타내는 데에 (특히 미국처럼 스포츠에 열광하는 나라에서) 널리 쓰이는 은유는 "평평한 운동장"이다. 일단 경쟁이 시작되면, 그것은 공정하게 이뤄져야 한다. 즉 모든 참가자에게 동일한 규칙과 기회가 주어져야 한다. 문제는 현실에서는 각 경기의 시작 시점이 언제인지를 알기가 어렵다는 점이다. 현실에서는 일련의 경기들이 이어지면서 한 경기에서의 승리가 다음 경기를 더 잘 준비할 수 있는 기회를 제공한다. 철학자 클레어 챔버스가 말했듯이 "각각에서의 결과는 그다음에서의 기회"다.[9] 유아기, 학령기, 청년기 내내 한 단계의 학업 성취가 그다음 단계의 기회가 되는 식으로 계속 이어지는 것을 생각하면 이해하기 쉬울 것이다. 좋은 고등학교에 가면 좋은 대학에 갈 가능성이 높아지고 좋은 대학에 가면 좋은 일자리를 잡기 위한 경쟁에 더 잘 준비할 수 있다.

여기에서도 존 롤스의 논의가 유용하다. 롤스의 정의론은 (그의 표현으로) "기회의 공정한 평등"이라는 제목의 절에서 설명한 바에 기초하고 있다. 롤스가 평등 앞에 붙인 단서에 주목하기 바란다. 기회는 '평등해야 하고 동시에 공정해야' 한다. 롤스는 기회의 '불공정한 평등'도 존재할 수 있다고 보았다. 그렇다면 이 둘의 차이는 무엇일까? 핵심 차이는 후천적 재능과 타고난 재능의 차이다. 롤스가 말한 기회의 평등은 노동 시장에서, 특히 "직위와 직책이 재능에 대해 개방되어 있는 시장"에서 잘 드러난다. 롤스가 의미하는 재능은 25세 때 갖게 되는 재능이 아니라 그가 이 책의 다른 부분에서 쓴 표현으로 "자연적 자산" 혹은 "천부적 자질"이라고 부른 것을 의미한다. 또한 롤스는 단지 열린 경쟁만이 아니라 그 경쟁을 준비하기 위한 기회도 평등한 상태를 기회의 공정한 평등이라고 보았다. 이런 의미에서 롤스의 정의론은 모든 이에게 교육의 기회가 평등하게 주어질 것을 요구한다.

롤스의 주장은 다양하게 해석될 수 있지만 나는 주로 조지프 피시킨의 해석을 따르고자 한다.[10] 그러니 내 논의가 틀렸다면 그를 탓하기 바란다. 하지만 기본적인 메시지는 분명하다고 생각한다. 시장에서의 성과는 우리 각자가 타고난 재능을 발달시킬 평등한 기회를 가졌을 때만 공정하다고 간주될 수 있다.

또 다른 철학자인 버나드 윌리엄스는 어려운 개념을 쉽게 설명하는 데서 롤스보다 능력자다. (내가 윌리엄스 쪽으로 좀 치우쳐 있다는 점을 고백한다. 롤스와 달리 그는 내가 잘 아는 사람인 데다 그에게 넘어가서 내 판단이 흐려졌기 때문이다. 어느 정도냐면, 그가 부추겨서 지루한 회의를 땡땡이 치고 같이 미니 골프를 치러 간 적도 있다.) 윌리엄스는 타고난 능력과 후천적 능력 사이의 차이를 가상의 "전사 사회"를 예로 들어 설명했다.

전사 계급에 막대한 권위가 부여되는 사회를 생각해 보
자. 전사의 일은 굉장히 강한 신체적 능력을 필요로 한다.
과거에는 전사 계급에 부유층 가문 자제만 들어올 수 있
었지만 평등주의적인 개혁으로 규칙이 달라져 사회의 모
든 계급, 모든 계층에서 합당한 경쟁을 통해 전사가 뽑힐
수 있게 되었다. 그랬는데도 여전히 전사들은 거의 대부
분 부유층에서 배출된다. 다른 계층 사람들은 너무 가난
해서 제대로 먹지 못한 나머지 영양가 있는 음식을 잘 먹
고 자랄 수 있었던 사람들보다 신체적 능력이 열등하기
때문이다. 개혁가들은 기회의 평등이 진정으로 달성되지
않았다고 비판한다. 하지만 부유층은 기회의 평등이 달
성되었다고 응수한다. 이제는 가난한 사람도 전사가 될
기회를 갖게 되지 않았느냐는 것이다. 그들은 단지 운이
없어 신체적 능력이 시험을 통과하기에 부족했을 뿐이라
고 말이다. 부유층은 이렇게 말할 것이다. "우리는 누구도
'가난하다고 해서' 배제하지 않았다. 우리는 신체적 능력
이 약한 사람을 배제했다. 가난한 사람이 신체도 약하다
는 것은 안타까운 일이지만 말이다."[11]

종합 격투기에 열광하는 미국인이 많긴 해도, 오늘날 미국
사회는 '전사 사회'와는 거리가 멀다. 하지만 '식자 사회'와는 거리

가 멀지 않다. 식자 사회에서는 기술, 두뇌, 학위, 자격증 등 하버드 법대 교수 라니 구니어가 "시험 점수 본위적(testocratic) 능력"이라고 칭한 것들이 높은 가치를 인정받는다. 고학력 엘리트들은 이렇게 말할지 모른다. "우리는 누구도 '가난하다고 해서' 배제하지 않았다. 우리는 똑똑하지 않은 사람을 배제했다. 가난한 사람이 똑똑하지도 않다는 것은 안타까운 일이지만 말이다." 하지만 엘리트 계급의 자녀가 시험을 더 잘 볼 가능성이 크다면, 이 시스템은 능력 본위 시스템이면서도 사회의 근본적인 계급 불평등을 반영하고 또 강화하는 시스템이라고 말할 수 있을 것이다.

불평등한 고등 교육 시스템

식자 사회에서는 두뇌, 기술, 학위 등이 매우 중요하다. 미국의 능력 본위제는 크리스토퍼 헤이스가 말한 "똑똑함 숭배" 현상과 긴밀하게 결합되어 있다. 노동 시장은 가장 똑똑한 사람들이 부상하고 번영할 수 있는 경쟁의 장이다. 중상류층 미국인들은 쑥스러워하지도 않고 학위증을 액자로 만들어 잘 보이게 걸어 놓고, 자녀가 다니는 명문대 마크를 자동차 범퍼에 붙이고 다닌다. 헤이스는 "엘리트 계급에 속한 누군가에게 '탁월하다(brilliant)'고 말하면 최고의 찬사가 될 것이다."라고 언급했는데,[12] 정말 그렇다. (그의 책 페이퍼백판에 MSNBC의 레이철 매도가 "탁월하다"라고 추천사를 써 줘서 그는 매우 기뻤을 것이다.)

능력 본위적인 노동 시장에서 인적 자본이 핵심 자산이 되면서 교육의 중요성은 더 커졌다. 529플랜 개혁안에 대해 일었던 맹렬한 저항에서도 볼 수 있었듯이 교육에 대한 강조는 거의 편집광적이다 싶을 정도다. 중상류층 아이들은 매우 높은 수준의 인적 자본을 갖추고 노동 시장에 진입한다. 그들이 그런 인적 자본을 더 많이 타고나서일까? 어쩌면 그럴 수도 있겠지만, 훨씬 더 설득력 있는 설명은 인적 자본이 어느 계급, 어느 집안 출신인지, 또 그에 따라 인생의 첫 4분의 1을 어떻게 보냈는지와 크게 관련된다는 설명일 것이다.[13] 앞에서 보았듯이 시작점에서의 작은 격차는 성인이 되면 막대한 격차가 된다.

여기에서 용어 정의를 분명하게 내리고 넘어가는 게 좋겠다. 나는 '능력'이라는 표현보다 '시장이 인정하는 능력'이라는 표현을 쓸 것이다. 경제적인 성공 여부를 예측할 수 있게 해 주는 종류의 기술과 자질을 의미하기 위해서다. 지능이 높고, 창조적이고, 야망이 큰 사람이 (이름은 셰릴이라고 하자.) 돈도 잘 벌게 되었다고 생각해 보자. 실제로 그럴 가능성이 크다. 지능, 창조성, 야망은 경제적으로 가치 있는 자질이기 때문이다. 하지만 그러한 능력을 도덕적인 자질로 등치해선 안 된다. 화려하게 빛나는 셰릴보다 눈에 안 띄고 덜 똑똑하지만 좋은 엄마이자 좋은 이웃이고 주말이면 사회적 대의를 위해 일하는 사람이 넓은 의미에서는 더 가치를 인정받을 만한 사람일 수도 있다.

시장은 시장이 인정하는 능력에 대해서만 보상한다. 셰릴은 부자가 될 수 있을 것이다. 그리고 우리는 시장 효율성의 원칙에 따라 셰릴 같은 사람이 부자가 되기를 원할 수도 있을 것이다. 하지만 이것은 셰릴이 마땅히 부자가 되어야 할 '도덕적 자격'이 있다고 말하는 것과는 다르다. 우선 유전자부터 시작해서 셰릴이 가진 능력(시장이 인정하는 능력)은 단순히 운의 결과인 것이 많다. '운 평등주의'를 주창하는 철학자들은 누군가가 단지 운이 좋았던 것에 대해 보상을 받는 것은 도덕적으로 정당하지 않다고 본다. 물론 개인의 자질 중 어디까지가 단지 '운이 좋아' 갖게 된 것인지는 잘라 말하기 어렵다. 셰릴의 부모가 근면의 가치를 중요시한 덕분에 셰릴에게도 열심히 일하는 태도가 몸에 익었다면 이러한 노동 윤리는 운이 좋아서 갖게 된 것인가? 운 평등주의를 가장 엄격하게 적용하면, 그렇다. 하지만 철학자 수전 헐리(한때 내 지도 교수였다.)가 지적했듯이 우리의 자아를 구성하는 요인 중 많은 것(가족, IQ, 성격, 학교 등)이 우연의 결과일지라도 결국 우리는 그로 인해 서로 다른 사람이 된다. 그래서 헐리는 이를 "구성적 행운"이라고 부른다.

　운, 책임, 기회, 분배 등의 문제를 두고 많은 철학적 논의가 이뤄져 왔지만, 내가 하려는 주장은 단순하다. 첫째, 시장 경쟁의 결과로 발생하는 경제적 불평등은 경쟁을 준비할 기회가 모두에게 공평했다는 전제에서만 공정하다고 말할 수 있다. 둘째, 그런 경우라도 시장 경쟁의 승리자가 그 승리의 결과로 획득한 것을 전부 차지하는 것이 도덕적으로도 정당한 것은 아니다. 다음 세대에게 경쟁을 준비할 기회를 평등하게 만들어 주기 위해 현 세대의 승리자가 획득한 것을 재분배해야 할 필요가 있을 때는 더욱 그렇다.

　강건하게 능력 본위적 시장을 허용하되, 아니 촉진하되, 그와 동시에 시장이 인정하는 능력을 발달시킬 기회는 적극적으로 평준화하는 사회제도를 마련하자는 것이 나의 주장이다. 더 간단히 말하면, 어른에게는 능력 본위 원칙이 적용되어야 하지만 아이들에게는 적용되지 말아야 한다는 것이다.

교육을 협소한 능력 본위주의 시각으로 접근하면 계급 재생산을 깨뜨리기는커녕 도리어 강화하게 된다. 크리스토퍼 헤이스는 맨해튼의 명문 공립 학교인 헌터 칼리지 고등학교(그의 모교다.)를 사례로 들어 이를 보여 주었다. 이 환상적인 학교는 졸업생 중 15퍼센트가 미국 탑 8개 명문 대학에 입학한다. 학비는 공짜이고 뉴욕시에 살기만 하면 누구나 들어올 수 있다. 매우 어려운 입학시험만 통과한다면 말이다. 학교 측이 자랑스럽게 알리는 바에 따르면, "헌터에 들어오는 학생들은 뉴욕시의 학생 중 상위 0.25퍼센트에 속한다."[14] 1995년에는 학생 중 12퍼센트가 흑인이었고 6퍼센트가 히스패닉이었다. 하지만 2009년에는 흑인 3퍼센트, 히스패닉 1퍼센트로 비중이 떨어졌다. 뉴욕 전체 인구 중에서 흑인과 히스패닉이 차지하는 비중은 각각 25퍼센트, 28퍼센트다.

헤이스는 헌터 칼리지 고등학교의 학생, 학부모, 교사들을 취재하고 다음과 같은 결론에 도달했다. "요즘 이 학교에 들어오는 학생들은 대부분 시험 준비용 '관리'를 받아 만들어진 학생들이다."[15] 헌터 칼리지 고등학교의 입학 시스템은 능력 본위적이지만 '전사 사회'식으로 그렇다. 충분한 '능력'이 있는 아이들만 학교 문을 통과할 수 있는데, 중상류층 부모는 그 특별한 종류의 능력을 육성할 기회를 자녀에게 더 많이 줄 수 있다. 사립 고등학교와 명문 대학 입학에서도 마찬가지다.

능력(시험 성적)에 따라 학생을 선발한다는 개념은 매우 진보적으로 들리게 포장될 수 있다. 똑똑하지만 가난한 아이들이 출신 배경의 제약을 벗어나도록 도와줄 수 있는 방법으로 제시될 수 있기 때문이다. 영국 총리 테레사 메이가 '그래머 스쿨' 확대 정책을 추진하면서 제시한 논리도 이것이었다. (영국의 그래머 스쿨은 중고등학교 과정으로, 11세 아동을 대상으로 치르는 입학시험에서 성적 우수자를 선발하는 비평준 명문 공립 학교다.) 물론 이러한 제도로 혜택을 보는 저소득층 아이는 늘 존재할 것이다. 나의 아버지도 그런 경우였다. '일레븐 플러스(eleven-plus) 시험'(초등학교 마지막 해에 치르는 명문 학교 진학 시험)을 잘 봐서 최고 명문 학교에 진학할 수 있게 되면서 아버지의 삶의 기회가 근본적으로 달라졌다. 하지만 아버지는 예외적인 경우였지 전혀 일반적인 경우가 아니었다. 일반적으로 말하면 이런 학교에는 전체 인구 비례에 비해 훨씬 많은 수의 부유층, 고학력층 자녀들이 입학한다. 이를테면 무상 급식 대상인 학생이 전국적으로는 7명 중 1명꼴인데 그래머 스쿨에서는 50명 중 1명 정도다.[16]

교육의 중요성이 커지면서 '좋은 학교'에 들어가는 것의 중요성도 커졌다. 어떤 부모에게는 취학 전부터 시합이 시작되고 학령기 내내 계속된다. 시장이 능력 본위적이면 계급을 재생산하는 데는 노력이 든다. 프랭크 파킨은 이렇게 설명했다. "부르주아 가정은 계급이 저절로 이어지겠거니 생각하면서 마음 놓고 지낼 수 없다. 그들은 사회적인 노력을 맹렬하게 들여야 하고, 그렇지 못하면 다음 세대의 퇴락이라는 매우 현실적인 위험에 맞닥뜨려야 한다."[17]

오늘날 그 "사회적인 노력"은 대체로 교육 분야에서 벌어진다. 이는 출산 전부터 대학원에 이르기까지 이어지지만, 그중에서도 가장 중요한 이행기는 대입 시기일 것이다. 대입은 병목이 가장 크게 존재하는 부분이다. 그런데 과장을 조금 보태서 말하자면 미국에서 좋은 대학은 중상류층이 독차지하고 있다. 그림 5. 1이 보여 주듯이 미국의 최고 명문 대학 학생 중 3분의 2가 소득 상위 20퍼센트 가구 출신이다.[18] (내가 그리 많이 과장한 것도 아니다. 미국 연방 제10 항소 법원도 "(어느 기업이 시장에서) 독점력을 행사하고 있다고 판단하려면 법원은 일반적으로 최소 70~80퍼센트의 시장점유율을 근거로 요구한다."라고 언급한 바 있다.[19])

대학의 입학 사정 과정에는 동문 자녀 우대라는 분통 터지는 제도 등 명시적으로 불공정한 점들도 작동한다.(다음 장에서 더 자세히 알아볼 것이다.) 하지만 중상류층 자녀가 좋은 대학을 거의 다 차지하는 주된 이유는 내신이나 SAT 점수 등 대학 입학에 중요한 능력을 더 많이 가지고 있기 때문이다. 미국의 고등 교육을 종합적으로 연구한 사회학자 시걸 앨론은 능력 본위적인 선발 절차(특히 표준 시험 점수를 기준으로 한 선발 절차)에 맞추려는 (수험생과 학부모의) 노력이 1980년대 중반 이래로 고등 교육에서 계층 분화를 심화시킨 주요 원인이라고 결론 내렸다.[20]

여기에서 능력 본위적인 경쟁과 배움에 대한 평등한 기회 사이에는 근본적인 긴장이 존재한다. 대학 원서를 낼 무렵쯤 되면

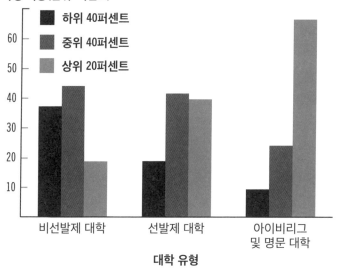

가구 소득 배경별
학생 비중(단위: 퍼센트)

■ 하위 40퍼센트
■ 중위 40퍼센트
■ 상위 20퍼센트

대학 유형

—— 그림 5.1 명문 대학을 차지하다

출처: Source: Raj Chetty, John N. Friedman, Emmanuel Saez, Nicholas Turner, and Danny Yagan. Online Table 4. "Mobility Report Cards: The Role of Colleges in Intergenerational Mobility." The Equal Opportunity Project, 2017.
1991년 출생자들의 18~21세 시기(2010~2013년) 대학 재학 여부를 조사했다.

좋은 집안 아이들은 합격에 필요한 능력을 더 많이 발달시킨 상태다. 타고난 재능이 별로 없는 아이들의 경우에도 그렇다. 이를테면 8학년 때 읽기, 수학, 과학, 사회 점수가 좋지 않았던 부유한 아이가 점수가 더 좋았던 가난한 아이보다 대학까지 마칠 가능성이 크다.[21] 사실 대학은 별로 똑똑하지 않게 타고난 부유층 아이들에게 특히 유용한 제도다. 나는 '유리 바닥'에 대해 연구하면서 인지 능력 점수가 낮은 아이들의 하향 이동을 막아 주는 가장 좋은 방어선은 4년제 대학 진학이라는 사실을 발견했다.[22] 대학이 계층의 상향 이동성에 중요하다는 점이 여러 연구에서 드러났지만, 대학은 그 반대의 효과도 낸다. 부유하고 덜 똑똑한 아이들의 하향 이동을 막아 주는 것이다.

앞에서 나는 성인에게는 능력 본위제가 필요하지만 아이에게는 그렇지 않다고 말했다. 교육 영역에서 능력 본위적인 선발 과정은 배움의 기회에 대한 불평등을 강화한다. 하지만 명확하게 선을 긋기는 어렵다. 대학 입학이 이를 잘 보여 준다. 대학 입학은 능력 본위적인 선발제로 이뤄지므로 중상류층이 계급 불평등을 복제하는 수단이 되기 쉽다. 그렇다고 모든 대학을 비선발 등록제로 바꾸는 것은 별로 좋은 생각이 아닌 것 같다. 그러면 대학은 능력에 따른 선발제를 어느 정도까지 운영해야 하는가?

알고 보면 선발제의 기본 개념을 뒤흔들지 않고도 고등 교육을 더 진정으로 능력 본위적으로 만들기 위해 할 수 있는 일은 많다. 대학의 투명성과 책무성 제고, 장학금 제도의 재정비, 비용 대비 효율성을 높이기 위한 대학 개혁 등이 필요하다.[23] 입학 지원 및 사정 절차와 장학금 지원 절차를 단순화하는 것도 좋은 방법이다. 또 실력이 뛰어난 가난한 학생과 좋은 대학을 '매칭'시키는 프로그램을 도입할 수도 있고,[24] 양질의 직업 교육을 하는 고등 교육 기관들에 투자를 늘릴 수도 있으며,[25] 성적 기반 장학금 대신 학생들의 접근성 확대를 목표로 삼는 장학금을 더 확충할 수도 있다.

고등 교육을 개선할 수 있는 좋은 아이디어는 아주 많다. 문제는, 현재 시장이 진지한 개혁을 저해하는 방향으로 균형 상태에 도달해 있다는 점이다. 가장 영향력 있는 명문 대학들은 많은 것을 바꾸려 하지 않는다. 적어도 개별 학교 수준에서는 그렇다. 여러 대학이 경쟁하는 상황에서 하나의 대학더러 가난한 학생들을 더 많이 뽑으라고 요구하는 것은 손해 보는 일을 하라고 요구하는 것이나 마찬가지다.

이 분야의 저명한 경제학자인 스탠퍼드 대학의 캐럴라인 혹스비는 미국이 "유일하게 고등 교육 분야에 진정한 '시장'을 가지고 있다는 데서 매우 독특한 나라"라고 언급했다. "시장 원칙이 교육 시장을 지배하고 있다 …… 이것은 정말로 미국만의 독특한 점이다."[26] 이 시장에서 대학들이 고객을 끌기 위해 경쟁하는 것은 어느 면에서 보면 좋은 일이다. 혹스비가 주장하는 바에 따르면, 이는 생산성을 높이고 경제 성장에도 도움이 된다. 하지만 대학 입장에서 가장 좋은 고객은 유리한 여건에서 나고 자란 학생들이고, 불평등 문제와 관련해서는 좋은 일이 아니다.

이 시장에서 대학들의 경쟁이 평등을 저해하는 방향으로 작동함을 보여 주는 한 가지 사례로 부유한 학생들에게 학비를 할인해 주기 위한 용도로 성적 장학금을 활용하는 것을 들 수 있다. 뉴아메리카 재단의 스티븐 버드가 조지아주와 오하이오주를 중심으로 분석한 바에 따르면, 경쟁적인 교육 시장에서 성적 장학금은 학교들이 원하는 부류의 학생, 즉 부모가 학비를 다 낼 여력이 되는 학생을 끌어오기 위한 할인 제도로 기능하고 있다.[27] 1980년대 어느 시점에 몇몇 대학이 약간의 장학금(1년에 2000~5000달러)을 주면 부유하고 우수한 학생들을 (다른 학교에 빼앗기지 않고) 끌어올 수 있다는 사실을 알게 되었다. 처음에는 효과가 있었다. 약간의 할인을 제공해 사실상은 전액 등록금을 내는 것이나 마찬가지인 부유한 학생들을 끌어올 수 있었던 것이다. 하지만 대학들이 너도나도 여기에 뛰어들면 바닥으로의 경주가 될 수밖에 없다는 점이 문제다. 버드는 이를 다음과 같이 설명했다.

> 만약 어느 대학이 저소득층 학생에게 전액 장학금 2만 달러를 지급하면 뿌듯할 수는 있겠지만 2만 달러가 순지출로 잡히게 된다. 그런데 5000달러씩 학비를 감해 주어 부유한 학생 네 명을 끌어오면 차액이 수입으로 잡히므로 재정적으로 훨씬 나은 결과를 가져오게 된다. 부유한 학생에게 할인을 해 주는 것은 공정하지 않으며, 장기적으로 지속 가능하지도 않을 수 있다. 하지만 일단 이 사이클이 시작되면 모든 대학이 다 같이 중단하지 않는 한 어느 학교 혼자 중단하기는 매우 어렵다.[28]

바로 이것이 오늘날 미국의 고등 교육 시장이 향해 가고 있는 위험한 균형이다. 가장 유리한 장학금을 제공하는 대학을 찾을 수 있도록 각 대학 장학금 정보를 제공하는 웹사이트도 있다.[29] 한때는 이렇게 운영되는 장학금 제도가 대학의 재정에 도움이 되었을 것이다. 또 대학 졸업자를 계속 배출하는 데에도 도움이 될지 모른다. 하지만 계층 이동성을 향상시키는 데에는 도움이 되지 못할 것이다. 부유한 아이들이 좋은 대학에 가는 경향을 강화함으로써 오히려 계층 이동성을 악화시킬 것이다.

사명감을 가지고 대학을 운영하는 많은 사람들이 혹스비가 말한 시장의 압력에 사로잡혀 옴짝달싹 못 하고 있다. 공립 대학도 마찬가지다. 사회적으로 더 포용적인 교육 기관이 되어야 한다는 사명감은 재정 건전성을 유지해야 할 책임과 상충한다. 이 딜레마를 솔직하게 이야기하는 사람은 거의 없는데, 훌륭한 예외가 위스콘신 대학 총장 레베카 블랭크다.

> 위스콘신 대학에서 가장 우수한 학생들에게 제공되는 혜택의 유형을 보면 나는 매우 우려스럽다. 내가 아는 바로 (나는 경제학자다.) 우리가 고등 교육에서 돈을 정말로 써야 하는 곳이 어디인지 생각해 보면 이는 진정한 낭비다. 하지만 그러한 최상위 학생들을 우리는 어느 정도 유지해야 한다. …… 그 게임에 참가해야 한다. 도리 없이 그래야만 한다. 이러한 군비 경쟁 같은 상황이 불만스럽지만 무엇을 해야 할지 잘 모르겠다.[30]

레베카 블랭크처럼 사회적 양심이 있고 지적인 역량도 있는 사람이 무엇을 해야 할지 모르겠다고 말한다면, 우리는 정말 큰 문제에 봉착한 것이다. 고등 교육 시장이 잘 작동하지 않고 있다고 간단하게 말할 수 있다면 무척 편리할 것이다. 하지만 좁은 의미의 시장 논리를 기준으로 보면 이 시장은 너무 잘 작동해서 문제다. 그리고 이것이 가진 사회적 함의는 매우 우려스럽다.

더 포용적인 접근을 취하고자 한다면, '적극적 우대 조치'의 개념을 인종뿐 아니라 계급으로까지 대폭 확대하는 것이 한 가지 방법이 될 수 있다. 텍사스주의 '상위 10퍼센트 자동 입학제'가 그런 시도다. 자신의 고등학교에서 내신이 상위 10퍼센트에 속하는 학생은 주립 대학에 자동으로 입학이 허용된다. 하지만 더 급진적인 방식들도 시도되어야 한다. 이를 테면 대학들은 시카고의 몇몇 명문 고등학교가 시행하고 있는 조치들에서 실마리를 얻을 수 있을 것이다. 이 학교들은 입학 정원 중 일부를 시카고 내의 다른 지역 학생들에게 할당한다. 입학시험은 쳐야 하지만 가난한 지역 학생들에게는 더 낮은 커트라인이 적용된다. 또 영국에서는 대학들이 '맥락적 정보'를 입학 사정에 고려하도록 유도하는 정책을 시행하고 있다. 브리스틀 대학은 계급에 대한 적극적 우대 조치를 공식적으로 도입해서 학교 등급이 낮은 (하위 40퍼센트) 고등학교 출신 학생들에게는 입학 기준을 낮춰 주고 있다. 가난한 학생이 그리 좋지 않은 고등학교에서 B를 받았다면 좋은 학교에서 A를 받은 부유한 학생만큼 역량이 있다고 간주하는 것이다.

더 적극적이고 급진적인 해결책들을 제시하는 것은 이쯤에서 멈추도록 하겠다. 고등 교육 시장이 좁은 의미의 능력 본위주의를 실현하게 만드는 데만도 해야 할 일은 너무나 많다. 그리고 동문 자녀 우대 같은 제도가 불공정하다는 것을 당신에게 설득시키지 못한다면, 더 적극적인 조치들은 말해 봐야 소용없을 것이다. 하지만 적어도 현실은 바로 알아야 한다. 대학은 계급 재생산의 중요한 (아마도 가장 중요한) 장소가 되었고, 사회 계층의 위쪽에서 특히 더 그렇다. 이 상황이 그리 문제라고 느껴지지 않는다면 약간의 개선으로도 만족할 수 있을 것이다. 하지만 문제를 인식한다면, 우리는 고등 교육을 사적 재화가 아니라 공공재로 다루는 쪽으로 발상을 전환해야 한다. 이것은 매우 중대한 정책적, 정치적 함의를 갖는 문제다.

제대로 경쟁할 기회가 필요하다

나는 능력 본위적인 시장 경쟁을 촉진하되 능력을 획득할 기회는 더 평등해져야 한다고 주장했다. 우파가 지지하기 어려운 접근 방식일 것이다. 상당한 공공 투자가 필요하고, 따라서 부유한 사람들에게 증세를 해야 할 것이기 때문이다. 또 그들이 합당하다고 생각하는 범위를 넘어서는 정도까지 국가가 고등 교육을 규제해야 할 필요도 있을 것이다. 그런데 이 주장은 좌파에게도 그리 지지를 받지 못할 것이다. 여전히 '시장에서의 성취'라는 개념에 강하게 기반해 있고 계층 이동성과 삶의 기회에 대해 본질적으로 '개인주의적'인 이상을 전제하고 있기 때문이다.

헤이스는 "능력 본위라는 신조는 …… 고전적인 의미에서 자유주의적"이라고 말했다. 정말 그렇다. 미국 자체가 고전적인 의미에서 자유주의적이듯이 말이다. 헤이스는 이것이 달라져야 한다고 보지만 나는 아니다. 나는 개인주의가 미국이라는 개념 자체에서 뗄 수 없는 부분이라고 생각한다. 독립 선언문 초안에서 토머스 제퍼슨은 모든 사람이 "평등하고 '독립적으로'" 창조되었다고 선포했다. 나라만이 아니라 각각의 시민도 독립적인 존재로서 새로이 천명된 것이다.

나는 미국 시민권을 갖기로 결정하면서 미국인이 된다는 것의 의미가 무엇일지 깊이 생각해 보았다. 복잡하고 허세스러운 답도 많이 할 수 있겠지만, 나는 이 질문에 매우 간단하게 답할 수 있다고 생각한다. 미국인이 된다는 것은 '자기 자신이 되는 것'이다. 다른 사람을 칭찬할 때나 스스로에 대해 자랑할 때 흔히 쓰는 표현들(예를 들어 "그 여성 진짜 성공했어.(She's really made something of herself.)"라든가, "나는 자수성가했어.(I'm self-made man.)" 등)은 미국적 정체성의 핵심 요소를 드러내 주는 표현이기도 하다. (위의 표현들에는 '자기 자신'을 뜻하는 self가 들어간다.) 미국이 만든 가장 중요한 생산물은 미국인들 자신이다.

그렇다면 다음과 같은, 독특하게 미국적인 공식이 만들어진다. '평등＋독립＝상향 이동의 약속.' 이것은 '개인주의의 평등주의적 형태'다. 하지만 완전히 독립적인 존재로서 스스로 성공하는 데 필요한 기회와 도구는 허공에서 나타나지 않는다. 그런 기회와 도구는 우리의 공동체에서, 관계에서, 제도에서 만들어지기도 하고 파괴되기도 한다. 개인적인 성공은 집단적인 투자에 달려 있다.

미국에서 좌파적 성향을 가진 많은 사람들이 개인주의적인 윤리관에 좌절하지만 개인주의적인 윤리관은 미국인들의 집합적인 상상에서 전혀 약화되고 있지 않다. 많은 진보주의자들이 미국이 더 유럽 같아지기를, 특히 스칸디나비아 국가들 같아지기를 원한다. 버니 샌더스는 사실상 덴마크의 대통령 후보와 비슷했다. 하지만 미국의 문제는 덴마크의 평등주의 기준에 부합하지 않고 있다는 게 아니다. 공정한 시장 경쟁에 기초한, '미국의' 평등주의 기준에 부합하지 않고 있다는 게 문제다.

　우리에게 가장 중요한 과제는 인적 자본 형성기에서의 격차를 좁히는 것이다. 특히 생애 첫 20년 사이에 생기는 격차를 줄여야 한다. 이는 화목하고 안정적인 가정, 헌신적인 양육, 양질의 교육 환경 등 중상류층 아이들이 현재 누리고 있는 것의 상당 부분을 더 많은 아이들이 누리게 해야 한다는 의미다. 중상류층 부모는 이런 면에서 잘못하고 있다기보다는 오히려 모범이 될 만하다. 하지만 중상류층이 누리는 이득 중에는 반경쟁적이고 불공정한 방식으로 얻는 것들도 있으며 이런 것들은 사라져야 한다. 이러한 '기회 사재기' 메커니즘에 대해 다음 장에서 더 자세히 알아보기로 하자.

6.

기회 사재기라는
전략

중상류층은 사립 학교, 명문 대학, 전망 있는
첫 직장과 같이 희소하고 가치 있는 기회들을
다른 계층 사람들보다 많이 누린다. 중상류층이
더 많은 기회를 분배받는 데에 개인의 성과와
하등 상관없는 요인들이 영향을 미쳤다면
반경쟁적인 기회 사재기가 작동했다고 볼 수 있다.

닐 게이블러는 「중산층 미국인의 부끄러운 비밀」이라는 자기 고백적인 글에서 자타 공인 성공한 사람도 만약을 대비한 여윳돈을 미리 떼어 놓기가 얼마나 어려운지에 대해 이야기했다. 하지만 빠듯한 상황에서도 게이블러는 사립 학교에 보내는 것을 포함해 딸들이 좋은 교육을 받게 하는 것만은 포기하지 않았다. 사실 아이들이 사회에서 좋은 출발을 하게 해 주겠다는 결심이 게이블러가 재정적으로 빠듯해진 원인이었다.

어떤 경제학자들은 빚을 내서라도 지출을 하는 것이 "이웃 존스를 따라잡으려는" 욕망 때문이라고 말한다. 하지만 나는 이웃 존스를 따라잡고자 해 본 적이 없다. 많은 미국인들처럼, 나는 내 아이들이 존스의 아이들을 따라 잡기를 바랐다. 거의 모든 보상이 매우 학력이 높은 소수의 엘리트에게 돌아가는 사회에서, 아차 하면 나의 딸들이 주변으로 밀려날 수 있다는 것을 내가 너무나 잘 알고 있었기 때문이다. (그렇다. 나는 내 아이들이 승자가 되기를 원했다.)[1]

중상류층과 나머지 80퍼센트 사이의 격차가 점점 더 벌어지고 있는 것을 생각하면 딸들이 중상류층에서 떨어지지 않게 하려고 애쓰는 게이블러의 행위는 합리적이다. 분명히 그는 열심히 일하고 열심히 노력했을 것이고 아이들에게 성공에 필요한 능력을 키울 기회를 주기 위해 많은 것을 희생했을 것이다. 앞 장에서 언급했듯이, 중상류층 아이들이 노동 시장에서 승자가 되는 이유는 더 실력 있는 경쟁자가 되었기 때문이다. (그래서 다음 장에서 해법을 논의할 때도 인적 자본 발달의 격차를 줄이기 위한 조치들부터 다룬다.)

하지만 계급의 영속성에 일조하는 또 다른 요인을 간과해선 안 된다. 바로 '기회 사재기'다. 이는 중상류층이 실력을 갖춰서가 아니라 경쟁의 판을 조작해서 승자가 될 때 발생한다. 이 장에서 나는 특히 세 가지의 기회 사재기 행태를 지적하고자 한다. 배타적인 토지 용도 규제, 불공정한 대학 입학 절차, 그리고 인턴 기회의 불공정한 분배다. 물론 이것이 다는 아니다. 세대 간 계급 재생산에 특히 큰 영향을 미친다는 점에서 이 세 가지를 집중적으로 살펴볼 것이지만, 기회를 사재기하는 방법은 이것 말고도 많다. 예를 들면 전문 자격증 제도도 그런 사례인데, 이에 대해서는 브링크 린지와 스티븐 텔레스의 상세한 연구가 『사로잡힌 경제』라는 책으로 출간되었다.[2]

이 장에서는 먼저 '부모가 자녀에게 어디까지 이득을 제공 해도 좋은가'라는 어려운 도덕적 질문을 고찰하고, 기회 사재기의 의미를 더 명확하게 설명한 뒤, 위에서 언급한 세 가지의 기회 사 재기 메커니즘을 상세히 알아볼 것이다.

하지만 본론에 들어가기에 앞서, 예상되는 반론을 짚고 넘 어가는 게 좋을 것 같다. "이런 것들은 사소한 문제 아닌가? 기회 사재기가 불공정한 것은 사실일지라도 큰 틀에서 보면 그리 중요 치 않은 문제 아닌가? 또 과거 사례를 보면 이런 것들을 개혁하려 는 시도는 엘리트 계층의 맹렬한 저항에 부닥쳐 무산되기 일쑤이 지 않았는가? 왜 사소한 문제에 대해 굳이 무리를 하는가?"

나는 적어도 세 가지 이유에서 우리가 이 문제에 대해 굳이 무리를 해야 한다고 생각한다. 첫째, 특정한 관행이나 행동이 잘못 되었을 경우, 꼭 그것이 만연해 있거나 악영향이 심각해야만 그것 을 막기 위한 행동에 나설 수 있는 것은 아니다. 딱 한 명의 고용주 가 딱 한 명의 흑인을 인종 차별적인 이유로 고용하지 않았다고 해 보자. 전체적으로 보면 사소할 수 있지만, 그래도 그는 법정으로 가야 한다. 여기에 걸려 있는 것은 원칙의 문제이기 때문이다.

둘째, 기회 사재기는 목적이 수단을 정당화하도록 허용하는 사회를 만드는 데 일조한다. 상원 의원 테드 케네디가 동문 자녀 우대제를 없애려 했을 때 라이스 대학의 대변인은 "객관적인 능력과 공정성이라는 개념은 매력적이긴 하지만 현실적인 토대가 없는 개념"이라며 동문 자녀 우대제를 옹호했다.[3] 부모가 그 학교를 나왔다는 점을 활용해서 명문 대학에 가는 게 괜찮다고 인정한다면, 공정한 게임이라는 개념을 모두 저버리는 것이나 마찬가지다. 공정함이 그저 매력적인 개념에 불과할 뿐이라면 무엇이든 저질러도 괜찮다는 말이 된다. 동문 자녀 우대와 같은 반경쟁적인 관행은 사회 전체의 기회 구조에서 빙산의 일각에 불과하다. 그렇다면 우리는 이런 관행을 그 아래에 있는 거대한 빙하에 대한 경고로 받아들여야 마땅하다.

셋째, 사소한 문제라는 주장은 동문 자녀 우대제를 없애야 한다는 논리로도 사용될 수 있다. 이런 관행이 정말로 사소하다면 그것을 굳이 방어하기 위해 시간과 노력을 낭비할 필요가 없을 것이다. 그리고 그런 관행이 사소하지 않다면 이는 기회의 평등을 중대하게 갉아먹고 있다는 의미이니 그것을 없애기 위한 조치를 취해야 한다. 우리는 반경쟁적인 관행을 왜 없애야 하는지 물을 게 아니라 '왜 없애지 말아야 하는지' 물어야 한다. 입증 책임은 그것을 없애고 싶어 하는 쪽이 아니라 유지하고 싶어 하는 쪽에 있다.

제기될 법한 반대를 과소평가하려는 것은 아니다. 헤리티지 재단의 데이비드 아제라드는 "불법이 아닌 한, 부모는 아이가 더 나은 삶을 가질 수 있도록 자신이 할 수 있는 모든 것을 해 주려고 한다. 이를 위한 부모의 역량을 크게 제약하는 정책이라면 미국에서는 호응을 얻기 힘들 것이다."라고 말했다.[4] 분명히 맞는 말이다. 하지만 아제라드는 문제가 무엇인지를 잘못 짚었다. 물론 합리적인 사람이라면 부모가 아이를 위해 최선을 다하는 것을 막는 정책을 지지하지 않을 것이다. 프랑스에서도 프랑수아 올랑드 대통령이 부모마다 숙제를 도와줄 수 있는 역량이 다르다는 이유로 초등학생에게 숙제 내 주는 것을 금지하고자 했을 때 비웃음만 샀다. 하지만 부모가 자기 아이에게 불공정하게 이득을 주면서 다른 아이들의 기회를 제약하는 것은 다른 문제이며, 우리는 이런 관행이 없어지기를 바라야 마땅하다. 이를 위한 구체적인 해법들은 다음 장에서 살펴볼 것이다. 일단 여기에서는 이러한 변화를 위해서는 제도만큼이나 사람들의 생각과 태도가 많이 바뀌어야 한다는 점만 짚어 두도록 하자.

부모는 무엇을 하면 안 되는가

게이블러처럼 우리 모두 자녀를 위해 최선을 다하고 싶어 한다. 철학자 해리 브리그하우스와 애덤 스위프트는 『가족 가치: 부모 자녀 관계의 윤리』에서 "자녀의 인생이 잘 풀리길 바라는 것은 '자녀 사랑'이 의미하는 바의 일부"라고 말했다.[5]

그렇다고 자녀의 장래를 생각하는 자연스러운 마음이 그 밖의 도덕 원칙들을 다 밀어내도 되는 것은 아니다. 우리는 아들이 학교 야구팀 선발 투수가 될 수 있게 퇴근 후에 아이와 야구를 해 주는 아버지는 흐뭇한 마음으로 보지만, 모두 탐내는 투수 자리에 자기 아이를 밀어넣고자 코치에게 뇌물을 주는 아버지는 좋게 보지 않는다. 왜 그런가? 두 아버지 모두 아이를 돕기 위해 무언가를 희생하지 않았는가? 한 아버지는 시간을, 다른 아버지는 돈을. 하지만 야구 팀의 구성은 실력을 따라야지 돈을 따르면 안 되기 때문에 이 둘은 경우가 다르다. 여기에 걸려 있는 것은 공정성의 문제다.

그렇다면 어디에 선을 그어야 할까? 이 질문에 대해 내가 이제껏 본 것 중 철학적으로 가장 훌륭한 답은 스위프트와 브리그하우스가 제시한 설명이다. 그들에 따르면, 부모는 아이가 잘 살아가도록 도울 수 있는 것은 무엇이든 할 권리를 갖지만 아이에게 '경쟁 우위'를 부여하기 위해 무언가를 할 권리는 없다. 내 아이가 잘사는 것이 아니라 내 아이가 '다른 아이들보다' 잘사는 것을 도우면 안 된다는 것이다. 자원이 유한한 사회에서는 한 아이의 상황이 향상되면 불가피하게 다른 아이의 상황이 (적어도 상대적으로라도) 악화되기 때문이다. "부모가 자녀에게 경쟁 우위를 부여할 경우에 이것이 다른 아이에게 미치는 효과는 중립적이지 않다. 일자리나 그밖의 보상을 놓고 벌이는 경쟁에서 '다른 아이들의 전망에 해를 끼치게' 되기 때문이다."[6]

하지만 실제 세계에서 이 둘을 구분하기는 쉽지 않다. 스위프트와 브리그하우스가 "경쟁 우위를 부여하는" 행동이라고 부른 것은 거의 대부분 자녀가 잘살기를 도우려는 행동이기도 하다. 내가 저녁마다 아들에게 동화책을 읽어 줘서 아이가 풍부한 어휘력을 갖게 되었고 독서를 좋아하게 되었으며 삶이 더 풍성해졌다고 하자. 그런데 이것은 내 아이가 친구들보다 시험 점수를 더 잘 받아서 대학 입시에서 경쟁 우위를 갖게 하는 결과로 이어지기도 한다. 스위프트와 브리그하우스는 부모가 아이에게 경쟁 우위를 주는 것을 목표로 삼지조차 말아야 한다고 주장했다. "부모가 기울이는 노력의 궁극적인 목적이 자녀가 다른 아이들보다 잘살게 되는 것이라면, 좀 이상하고 섬뜩한 일이 아닌가."

　　그런데 그렇게까지 요구하는 건 너무 가혹한 것 같다. 경쟁적인 노동 시장을 가진 사회에서 내 아이가 다른 아이들보다 소득 사다리의 높은 칸에 가기를 원하는 것은 이상하고 섬뜩한 일이 아니다. 사다리의 높은 칸에서는 더 많은 소득을 올릴 수 있을 뿐 아니라 (그러면 더 폭넓은 선택의 여지와 경제적 안정성도 따라온다.) 하는 일도 더 안전하고 흥미로운 일일 것이기 때문이다. 상대적인 위치는 중요하다. 그래서 정책 당국자들이 상대적 계층 이동성에 그렇게 관심을 갖는 게 아니겠는가? 이런 의미에서 스위프트와 브리그하우스가 좀 지나친 것 같긴 하지만, 부모의 행동에 대해 이들이 제시한 구분, 즉 자신의 아이를 돕는 행동과 다른 아이들에게 해를 끼치는 행동 사이의 구분은 매우 중요한 시사점을 가진다. 후자가 바로 기회 사재기다.

기회 사재기란 무엇인가

'기회 사재기'라는 표현은 위대한 사회학자 찰스 틸리에게서 따온 것이다. 틸리는 대작 『지속되는 불평등』에서 집단 간 불평등을 영속화하는 두 가지 요인을 지적했는데, 하나가 착취, 다른 하나가 기회 사재기다. 착취는 (마르크스주의적인 뉘앙스에서) 권력을 가진 사람이 타인의 노동으로 창출된 경제적 가치를 불공정하게 뽑아 가는 것을 의미한다.

이와 달리 기회 사재기는 타인에게서 무엇을 가져오느냐가 아니라 당신 자신이 무엇을 확보하고 있느냐와 관련이 있다. 틸리에 따르면, 어떤 집단은 "가치 있고, 재생 가능하고, 독점하기 쉽고, 네트워크에 도움이 되고, 그 네트워크의 작동 방식에 의해 강화되는 종류의 자원에 더 잘 접근할 수 있다." 이런 집단들은 "자신들이 그러한 자원에 대해 계속해서 통제력을 가질 수 있게 해 주는 신화와 제도들을 만들고 접근권을 사재기함으로써 다른 이들이 그 자원을 누리지 못하게 막는다."[8]

틸리의 논의에서 기회 사재기는 지배 집단이 아닌 사람들이 더 나은 위치를 확보하려는 노력에서 활용하는 방식으로서 주로 제시된다. 그가 많이 언급한 사례는 이민자들이다. 예를 들어 이탈리아인은 건설이나 트럭 운송업, 유대인은 다이아몬드 시장을 배타적으로 장악하고 있다. 하지만 틸리의 논의는 지배 계급 집단 또한 기회를 사재기할 수 있음을 암시한다.

내가 약간 수정한 의미에서 기회 사재기는 가치 있고 희소한 기회들이 반경쟁적인 방식으로 분배될 때, 즉 분배가 개인의 성과와 관련 없는 요인들에 영향을 받을 때 발생한다.

이후의 논의에 매우 중요하므로, 다소 지루하더라도 기회 사재기의 용어 정의를 조금 더 이야기해 보자. 우선 여기에서 기회는 미래의 전망과 관련해서 '가치 있는' 것을 의미한다. 샌프란시스코의 인디밴드 공연을 라이브로 볼 수 있는 기회를 말하는 것이 아니라 삶의 전망을 향상시켜 줄 수 있는 연줄, 자질, 기술 등을 발달시킬 기회를 말한다.

또한 사재기가 가능하려면 기회는 '희소해야' 한다. (물은 가치 있지만 희소하지 않으므로 사재기할 수 없다.) 희소성은 가치를 높여 주는 요인이기도 하다. 명문 대학이 좋은 사례다. '아이비리그'가 의미를 가지려면 모든 대학이 아이비리그여서는 안 된다. 이런 것을 지위재라고 부르는데, 지위재의 가치는 그것을 모든 사람이 가질 수는 없다는 데서 나온다.

마지막으로, 기회가 '반경쟁적인' 방식으로 분배될 때 사재기라고 부를 수 있다. 앞 장에서 언급했듯이 미국의 중상류층은 사립 학교, 명문 대학, 전망 있는 첫 직장과 같이 희소하고 가치 있는 기회들을 다른 계층 사람들보다 많이 누린다. 중상류층이 더 많은 기회를 분배받는 데에 개인의 성과와 하등 상관없는 요인들이 영향을 미쳤다면 반경쟁적인 기회 사재기가 작동했다고 볼 수 있다. 중상류층 아이가 SAT 성적이 높아서 좋은 대학에 가는 것은 기회 사재기가 아니다. (학습 역량을 발달시킬 기회가 차등적으로 존재한다는 점에서 불공정하기는 하다.) 그런데 SAT 점수가 커트라인보다 낮은데도 동문 자녀 우대를 받아 합격한다면 이것은 기회 사재기다.

대학의 입학 사정 절차가 어떻게 조작되고 있는지에 대해서는 잠시 뒤에 다시 이야기하기로 하고, 그것보다 더 크고 복잡한 문제를 다음 절에서 먼저 알아보자.

배타적인 토지 용도 규제

　　미국 역사에서 토지와 기회는 늘 밀접하게 관련이 있었다. 건국 후 처음 몇십 년 동안, 새 나라의 변경은 "서부로 가라"라는 말을 따른 수백만 명에게 새로운 기회와 새로운 장소를 제공했다. 자기 땅과 자기 집을 갖는다는 것은 아메리칸 드림과 미국의 성공 개념에 핵심으로 자리잡았다. 지금도 주택 소유는 미국적 이상의 핵심 요소다. 그리하여 주택 소유자에게 매우 유리한 (하지만 매우 역진적인) 조세 제도가 마련되었다.

　　2장에서 설명한 중상류층의 주거지 분리는 주택 시장이 자연스럽게 작동해서 생긴 결과가 아니다. 이러한 역(逆)게토화는 지역 당국이 부과하는 매우 복잡한 토지 규제와 규칙의 산물이다. 부유한 사람들의 동네, 학교, 집값을 보호하기 위해 고안된 배타적 용도 구획으로 미국의 부동산 시장은 심각하게 왜곡되었다. 그리고 리 앤 펜넬이 지적했듯이 이러한 규정들은 "미국 대도시의 삶을 구성하는 핵심 특징"이 되었다.[9]

　　당연히 토지는 '희소'하다. 활황을 구가하는 대도시(대개 중상류층이 이런 도시에 산다.)의 토지는 '가치'도 높다. 좋은 노동 시장에 접근할 수 있어서도 그렇고 좋은 공립 학교가 있어서도 그렇다.[10] 그리고 많은 지역 조례(특히 주택 밀도에 대한 엄격한 제한)가 중상류층 동네에 '반경쟁적'인 장벽을 세운다. 종합하면 배타적인 토지 용도 규제는 기회 사재기다.

　　UCLA 경제학자 마이클 렌즈와 파보 몬코넨은 "미국 대도시 전역에서 급증하고 있는 부유층의 주거지 분리 현상은 자원, 시설, 그리고 막대한 정치권력이 사재기되는 결과를 낳고 있다."라고 언급했다.[11]

오늘날 미국 50대 대도시 거주자 20명 중 19명은 어떤 형태로든 토지 구획 규정의 적용을 받는 곳에 산다. 토지 용도 규제의 증가는 사람들이 경제적으로 더 전망 있는 곳으로 이사하는 것을 어렵게 만들고 (비싼 집값 때문에) 지출이 더 생산적이고 혁신적인 곳에 사용되는 것을 막아 경제 성장을 저해해 왔다.[12] 엔리코 모레티와 장 타이 시에는, (토지 규제로 주택 공급이 크게 제약된) 세 개의 대도시(샌프란시스코, 새너제이, 뉴욕)가 중간 정도의 토지 규제를 가지고 있었더라면 미국 경제 규모가 10퍼센트는 더 커졌을 것이라고 추산했다.[13]

토지 용도 규제는 경제 성장만 저해하는 것이 아니라 경제 불평등도 강화한다. 2013~2017년 경제 자문 위원회 위원장이었던 제이슨 퍼먼은 이렇게 설명했다.

합리적이고 합당한 목적으로 토지 사용이 규제되는 경우도 있지만, 규제는 기존의 이해 집단에 정상 수준을 넘는 수익을 주고 다른 사람들에게는 해를 끼치는 효과를 가져올 수도 있습니다. …… 토지 용도 규제와 그밖의 지역적인 주택 개발 장벽은 좋은 동네에 사는 것의 이득을 소수의 사람들이 독점하게 해 다양성과 이동성을 제한할 수 있습니다.[14]

누구에 대한 이야기인지 아시겠는가? 바로 당신과 나 같은 사람들이다. 우리 중상류층의 입장에서는 부와 토지 규제가 고맙게도 서로를 강화하여 선순환을 만든다. 노골적인 인종 차별 도구로서 시작된 토지 구획 조례가 이제는 도시의 지리적 형태를 계급에 따라 분화시키는 도구가 되었다. 이것은 좌파적인 주장이 아니다. 사실 토지 용도 규제는 진보 성향의 도시들에서 오히려 더 배타적이다.[15] 조지 루카스는 캘리포니아주의 루카스 밸리(궁금하실까 봐 덧붙이자면, 조지 루카스를 딴 지명이 아니다.)에 연 소득이 6만 5000~10만 달러 정도(이 동네 기준으로는 소박한 소득이다.)인 사람들도 접근할 수 있는 주택 단지를 짓고자 했는데 지역 공동체가 '고밀도' 주택에 반대한다며 맹렬히 반발했다.

님비(not in my back yard, NIMBY)는 집값을 높이려는, 금전적인 자본 축적의 욕망에서 나오는 태도다. 하지만 이 태도는 아이를 좋은 학교에 보내 인적 자본을 축적하게 하려는 욕망과도 관련이 있다. 당연히 좋은 초등학교 근처의 집은 더 비싸다. 조너선 로스웰에 따르면, 좋지 않은 학교 근처에 비해 집값이 2.5배까지도 차이가 난다. 그런데 이 격차는 택지 규제가 더 까다로운 도시에서 훨씬 더 크다. 조너선 로스웰과 더글러스 매시의 연구에 따르면, "가장 까다롭고 진입 장벽이 높은 택지 규제를 가장 덜 까다롭고 덜 제약적인 곳 수준이 되도록 바꾸면 동네 간 불평등이 가장 큰 도시와 가장 작은 도시의 차이를 약 50퍼센트 줄일 수 있는 것으로 나타났다."[16] 택지 규제를 완화하면 집값의 격차가 줄 것이고, 그러면 교육의 불평등도 좁혀질 것이다.

하지만 지역 수준과 연방 정부 수준 모두에서 공공 정책은 불평등을 악화시키는 쪽으로 작동하고 있다. 리 앤 펜넬은 다음과 같이 설명했다.

> 배타적인 토지 용도 규제가 작동하는 곳에서는 비싼 집을 구매하는 것이 '좋은' 동네에 거주할 기회 및 자녀를 좋은 공립 학교에 보낼 기회와 효과적으로 연결된다. 따라서 사람들은 자신과 자녀가 좋은 삶을 누리려면 비싼 집을 사야 한다는 생각을 갖게 된다. 그러면 좋은 학교가 있는 동네의 집들은 값이 더 오른다. 게다가 연방 조세 정책은 모두가 살고 싶어 할 좋은 동네의 좋은 집을 부유한 사람들이 더 쉽게 살 수 있게 돕는 방향으로 왜곡되어 있다. 부유한 사람들은 과세 등급이 높은 사람들이라서 모기지 대출 이자와 재산세에 대한 소득 공제로 받을 수 있는 혜택이 더 크다. (대출 이자 상환금과 지방세인 재산세 납부액만큼을 연방 소득세 부과 대상인 소득에서 공제하므로 과세 등급이 높은 사람에게 혜택이 더 크다. ─ 옮긴이) 따라서 이들은 소득이 낮은 사람들보다 주택 구입의 실비용이 적게 든다.[17]

마지막 문장을 놓쳤을까 봐 다시 쓰겠다. 우리의 세금 제도는 더 부유한 사람들이 좋은 학교 근처에 있는 비싼 집을 사기에 더 유리하게 되어 있다. 모기지 대출 이자에 대한 소득 공제는 거꾸로

된 보조금의 수많은 사례 중 하나일 뿐이다. 이에 대해서는 다음 장에서 더 상세히 다루겠지만, 우선 그림 6. 1을 보면 모기지 대출 이자에 대한 소득 공제로 누가 득을 보는지 알 수 있다.

국세청은 중상류층이 비싼 집을 팔 때도 너그럽다. 미국 세법은 실거주하던 주택을 매각할 때 일정 조건을 만족하면 (개인 25만 달러, 부부 50만 달러 한도 내에서) 매매 차익에 세금을 물리지 않는다. 아주 고맙게도 이 혜택의 절반 가까이가 소득 상위 20퍼센트 가구로 간다.

소득이 높은 우리 중상류층은 주택 시장을 통해 그 소득을 부로 바꿀 수 있고 여기에 조세 제도가 큰 도움을 준다. 그다음에는 그렇게 얻은 부를 기를 쓰고 지키려 한다. 특히 배타적인 토지 용도 규제를 이용해 소득이 낮은 사람들이 우리 동네에 들어와 우리의 집값을 떨어뜨리지 못하게, 아니 우리 동네의 좋은 점을 조금이라도 훼손하지 못하게 막는다. 이러한 배제의 과정은 심지어 대중의 비판에 직면하지조차 않는다. 도시 당국의 사무실에서 조용하고 예의 바르게 벌어지는 일인 데다, 일반적으로는 무언가를 새로 할 필요 없이 단지 현상태를 유지만 하면 되기 때문이다.

이러한 분리는 경제적 불평등도 일으키지만 이보다 덜 가시적인 또 다른 종류의 불평등도 일으킨다. 이웃들이 모두 우리와 비슷한 사람들이면 우리는 커다란 거품 안에 살게 된다. 주거지가 경제적 계층에 따라 분리되면 이는 학교, 교회, 지역 공동체 등의 사회적 분리로도 이어진다. 그러면 상이한 계층 사이에 사회적 유대와 상호 작용이 줄어든다.[18] 지리적 격차는 공감의 격차로 이어질

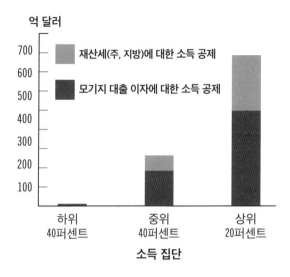

──── 그림 6.1 무려 700억 달러: 부유한 주택 소유자를 위한 조세 혜택

출처: Urban Institute, "Who Benefits from Asset-Building Tax Subsidies,"
September 2014. (www.urban.org/sites/default/files/alfresco/
publication-pdfs /413241-Who-Benefits-from-Asset-Building-Tax-
Subsidies-.PDF).
2013년 자료로 계산했다.

수 있다.

　　토지 용도 규제에 대한 논쟁에서는 지역의 권한 강화와 계
층 이동성이라는 두 개의 가치가 충돌한다. 중앙 집중적인 정치권
력을 분권화하고 탈중심화하는 것에는 좋은 점이 많다. 일반적으
로, 권력이 유권자 대중과 더 가까워지면 민주적인 문화가 강화된
다. 하지만 명백한 단점도 있다. 특히 지역 당국이 부과하는 복잡
한 규제들이 전반적인 경제 성장, 이주, 불평등, 세대 간 계층 이동

기회 사재기라는 전략　　　　　　　　　　　　　　　　　　　　　159

성 등에 중대한 영향을 미칠 수 있을 경우에는 더욱 그렇다. 어느 선을 넘어가면, 지역에서 건전하게 작동하던 민주적 과정이 불공정한 사재기 메커니즘으로 변모하게 된다. 그럴 경우에는 더 멀리 있는 정치제도들, 즉 주 정부와 연방 정부가 다시 개입해 사회적 후생이라는 목표를 위해 나서야 한다. (이에 대해서는 다음 장에서 더 자세히 알아볼 것이다.)

불공정한 대학 입학 제도

배타적인 토지 용도 규제는 중상류층이 비싼 사립 학교를 통해서가 아니라 (좋은 공립 학교 근처의) 비싼 집값을 통해 자녀에게 좋은 학교에 다닐 기회를 '사 줄 수 있는' 방편이 된다. (그리고 역진적인 세제는 여기에 큰 도움이 된다.) 어느 쪽으로든, 좋은 고등학교에 가면 좋은 대학에 가기 위한 경쟁에서 매우 유리한 위치에 서게 된다.

대학의 신입생 선발 과정도 다양한 방식으로 경제력, 연줄, 노하우가 있는 사람들이 유리하도록 기울어져 있다. 대학들은 학교 방문 프로그램에 참여한다든지 해서 해당 학교에 '강한 관심'을 보이는 지원자를 높이 평가한다. 조기 전형도 부유한 학생들에게 유리하다. 장학금 신청은 대개 정시 모집 때 이뤄지기 때문이다. 조기 전형에 지원하는 것은 SAT에서 (1600점 만점을 기준으로) 100점을 더 받는 것만큼의 가치가 있다.[19] 몇몇 명문 대학은 조기 전형으로 입학생의 절반가량을 뽑는다. 장학금은 지원 절차가 너무 복잡해서 가난하고 교육 수준이 낮은 부모를 둔 학생들에게 불리하다. 성적 장학금도 이미 유리한 조건인 학생들에게 돌아가는 경향이 있다. 종합하면 동일한 실력이 있는 두 명의 지원자가 있을 때에는 중상류층 자녀 쪽이 더 유리하다.

종종 중상류층 자녀들은 다른 특혜도 받는다. 부모 중 한 명이 그 대학 출신이면 입학 사정에서 우대를 받는 것이다. 부모가 대학에 기부금을 많이 낸 동문이면 말할 것도 없다. 동문 자녀 우대는 명백한 기회 사재기다. 같은 실력이 있어도 부모가 그 대학 출신이 아닌 지원자는 합격하지 못할 수 있다는 의미이기 때문이다. 이것은 저녁마다 같이 야구를 해 주는 아버지가 아니라 코치에게 뇌물을 주는 아버지 같은 경우이며, 리처드 칼렌버그가 편저한 책 제목을 빌리면 "부유층을 위한 적극적 우대 조치(Affirmative Action for the Rich)"다. (적극적 우대 조치는 인종 차별, 성차별 등을 시정하기 위해 도입된 흑인, 여성 등에 대한 할당제를 의미한다. 칼렌버그의 책 제목은 동문 자녀 등의 제도가 마치 "부유층 할당제"처럼 차별을 강화하는 제도임을 의미한다.)

많은 미국인이 이 문제를 별일 아니라고 생각하는 것을 보고 나는 크게 놀랐다. 진보 성향인 친구와 동료들도 내가 이 주제를 연구한다고 하자 어리둥절해했다. 여러 사람들과 이야기를 나눠 보고서 나는 동문 자녀 우대가 거의 본능적이라 할 만큼 근본적인 세계관의 차이를 보여 준다는 것을 깨달았다. 한 동료는 내게 이렇게 말했다. "당신은 군주제를 반대하듯이 동문 자녀 우대제를 반대하고 있군요. 그러니까 윌리엄과 케이트니, 왕실의 혼인이니 하는 이야기를 반대하는 것처럼 말이에요." 듣고 보니 정말 그랬다. 내게 세습 지위라는 개념은 도덕적인 원칙뿐 아니라 무엇이 정의인가에 대한 근본적이고 원초적인 견해와도 관련이 있었다. 다른 한편으로 신참 미국인인 나는 많은 미국인이 자신의 출신 대학에 대해 갖고 있는 부족 공동체적 충성심을 이해하려 노력하고 있다. 이들에게 모교는 단지 교육 기관이 아니라 정체성의 일부인 것 같다. 이런 점들을 종합해 보면, 동문 자녀 우대제에 대해 내가 갖고 있는 거부감이 유난스럽게 과민한 것인지도 모른다. 나는 이 제도가 의미하는 상징이 실질적인 해악에 못지않게 못마땅하다. 그러니 내가 지나친 것일 수도 있지만, 그렇더라도 내 말을 조금 더 들어 보시기 바란다.

자녀의 합격을 보장하는 데 가장 효과적인 경우는 동문인 부모가 모교에 막대한 기부금을 낸 경우일 것이다. 특정인을 콕 집어 이야기하는 것은 부당한 일인지도 모르지만, 대학들이 자료를 공개하지 않으니 어쩔 수 없다. 맬킨 가족을 보자. 피터 맬킨은 1955년에 하버드 대학 학부를, 1958년에 하버드 법학 대학원을 졸업했다. 부동산 사업가로 성공해 거부가 된 그는 모교의 가장 큰 후원자가 되었다. 1985년에 하버드 대학의 실내 체육관 이름이 맬킨 체육 센터로 바뀌었다. 맬킨의 자녀 중 3명이 하버드에 갔고 2009년에는 대학생 나이인 손주 6명 중 5명이 하버드에 갔다. (한 용감한 손자는 스탠퍼드로 갔다.)

아니면 도널드 트럼프의 사위인 재러드 쿠슈너를 보자. 그는 아버지 찰스 쿠슈너가 하버드에 250만 달러를 기부하고서 얼마 후 하버드에 입학했다. 쿠슈너가 다닌 고등학교의 한 고위 행정 담당자는 "학교 행정실의 누구도 그가 실력으로 하버드에 갈 수 있을 거라고 생각하지 않았다."라고 말했다. 그가 "내신도, SAT 점수도 부족했다."라는 것이다.[20] 하지만 진보적 경제학자이자 전 하버드 총장이었던 래리 서머스는 "사립 교육 기관은 공동체의 속성을 갖는다."라며 "동문 자녀 우대제는 그러한 공동체에서 뗄 수 없는 부분"이라고 동문 자녀 우대제를 옹호했다.[21]

하버드 학생들의 명예를 위해 말해 두자면, 하버드 대학의 학생 신문 《크림슨》은 오랫동안 동문 자녀 우대제를 맹렬히 반대해 왔다. 그들은 동문 자녀 우대가 "(부자들에게) 어떤 노력이나 헌신도, 심지어 선의도 요구하지 않고 자동적으로 제공되는 지원"이라고 묘사했다. 불평등이라는 거대한 문제에 비하면 이것은 사소한 문제 아니냐는 흔한 반론에 대해 《크림슨》은 이렇게 응수했다.

긴 말 필요 없이, 하버드의 동문 자녀 우대제는 옳지 않다. 덜 가진 학생에게서 기회를 빼앗아 더 가진 학생에게 주는 것이다. …… 이 제도를 없앤다고 모든 것이 완벽해지지는 않을 것이다. 하지만 완벽해지지 않을 것이라고 해서 지금보다 더 나은 상태를 추구하지 말아야 하는 것은 아니다. 동문 자녀 우대제가 없는 하버드는 의심의 여지없이 지금보다 더 나은 하버드일 것이다.[22]

동문 자녀 우대제의 현황에 대해서는 믿을 만한 데이터를 구하기가 매우 어렵다. 이런 류의 기회 사재기를 허용하는 대학들은 엘리트주의자라는 비판을 받는 것에 매우 민감하기 때문이다. 하지만 HYP(하버드, 예일, 프린스턴), 조지타운, 스탠퍼드에서 동문 자녀들의 합격률이 일반 지원자의 합격률보다 2~3배 높다는 것은 알려져 있다. (그림 6.2 참조[23])

2004년 프린스턴의 연구자들이 분석한 결과, 동문 자녀라면 SAT에서 (1600점 만점 기준) 160점을 더 받은 것과 같은 효과가 있는 것으로 나타났다.[24] 물론 피터 맬킨처럼 최고 대학을 나온 사람들은 자녀가 학령기에 훌륭한 학교에 다니고 다양한 학과 외 활동에 참여하며 좋은 학원에서 시험을 준비할 수 있게 해 줄 만한 돈이 충분히 있었을 것이므로 이들의 자녀는 대학 지원자 중에서 실력이 우수한 축에 속했을 가능성도 있다. 따라서 동문 자녀의 높은 합격률이 이들 모두가 실제로 동문 자녀 우대를 받았기 때문이라고 볼 수는 없다. 하버드 입학처장 윌리엄 피츠시몬스는 동문 자녀 우대로 들어오는 학생은 "아주 좁은 일각"에 불과하다고 말했다.[25]

하지만 동문 자녀 합격률과 일반 지원자 합격률이 이렇게 큰 차이가 난다는 것은 실력 차이 외에 무언가 다른 것도 작동하고 있다는 의구심을 갖게 한다. 다시 말하지만 대학들이 데이터를 공개하지 않기 때문에 정확하게 알 수는 없다. 이 책의 초고를 읽어 준 몇몇 사려 깊은 학자들은 내가 동문 자녀 우대의 해로운 효과를 입증할 근거를 충분히 제시하지 못했다고 지적했다. 옳은 지적이

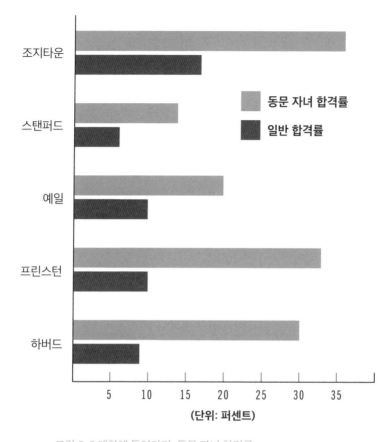

───── 그림 6. 2 대학에 들어가기: 동문 자녀 합격률

출처: Suzanne Monyak, "Legacy Status Tips Admission Scales," The
Hoya, March 20, 2015; *Stanford Alumni Magazine*, "Thinking Bigger,
Little by Little," September/October 2013; Jeny Anderson, "Debating
Legacy Admissions at Yale, and Elsewhere," *New York Times*, The
Choice (blog), April 29, 2011 (thechoice.blogs.nytimes.com/2011/04/29/
legacy-2/); Pamela Paul, "Being a Legacy Has Its Burden, New York
Times, November 4, 2011; Justin C. Worland, "Legacy Admit Rate at 30
Percent," *The Harvard Crimson*, May 11, 2011.

기회 사재기라는 전략

다. 하지만 공정하게 말하자면 그 근거는 대학들이 자료를 내놔야
만 제시할 수 있다.

동문 자녀 우대제를 옹호할 때 단골로 나오는 주장은 이 제
도가 동문들의 기부를 유도할 수 있다는 것이다. 사실이라 해도,
이 제도를 운영하는 대학들이 가진 막대한 재정적 자원을 생각하
면 그리 설득력 있는 주장은 되지 못한다. 그리고 꼭 사실이라고
볼 수도 없다. 자식이 입학할 가능성이 높아지리라는 기대가 부
모의 기부 의사를 높일지 모른다고 암시하는 데이터들도 있긴 하
다.[26] 하지만 그렇지 않은 데이터들도 있다. 미국 상위 100개 대학
(《US뉴스 앤드 월드 리포트》기준)을 분석한 한 연구에 따르면, 동문의
기부액과 동문 자녀 우대제 운영 여부 사이에는 상관관계가 없었
다. 연구 기간 중에 동문 자녀 우대제를 없앤 7개 대학에서 동문들
의 기부금이 줄어드는 결과도 나타나지 않았다.[27]

미국은 대학들이 동문 자녀라는 지위를 입학 사정에서 고려
하는 유일한 나라다. 영국의 옥스퍼드와 케임브리지조차도 20세
기 중반에 이 관행을 없앴다. 또 얼마 전 옥스퍼드 트리니티 칼리
지의 학장은 민주적인 현대 사회에서 대학들은 큰 기부금을 낸 경
우라 해도 동문 자녀들을 특별히 고려해 주는 관행을 거부해야 한
다고 주장했다. "후견 제도와 마찬가지로 혈통 제도도 18세기의
옥스퍼드에는 존재했지만 21세기에는 부적절하다."[28]

심지어 미국에서는 동문 자녀 우대가 은밀하게 이뤄지지도
않는다. 이것은 최고의 명문 대학들에서 매우 공개적으로 벌어지는
기회 사재기 관행이다. 그런데 이 관행의 연장선에 더 문제적인 관

행이 있다. 일명 'Z리스트'라고 불리는 것으로, 학교는 Z리스트에 오른 학생들을 이듬해에 입학하는 조건으로 합격시켜 준다. Z리스트를 운영하는 학교로 하버드가 가장 잘 알려져 있는데, 하버드는 이 과정이 가장 투명한 학교이기도 하다. (Z리스트라는 이름도 하버드 대학 입학처의 IT팀 사람들이 만든 것이다. 이 학생들이 매년 가장 마지막 합격자 그룹을 형성하기 때문에 붙은 이름이다.) 고등학교를 마치고 1년을 쉬었다가 하버드에 들어오는 학생 중 절반만 자발적으로 '갭 이어(gap year)'를 보내고 온 경우이고 나머지는 학교 측에서 1년 뒤에 등록하라고 요구해서 늦게 들어온 경우다.

　　Z리스트는 퍽 이상한 제도다. 하버드가 입학 시키고 싶지만 자리가 없어 그러지 못 하는 학생들이 있을 것이다. 하지만 이런 학생들은 매년 있을 것이다. 그러므로 매해 Z리스트 학생은 이듬해 입학생의 자리를 빼앗는 것이 된다. 왜 이렇게 번거롭게 하면서까지 이런 제도를 유지하는 것일까? 뉴햄프셔주 앤도버의 명문 기숙학교 필립스 아카데미에서 대학 입시 지원 팀을 이끌고 있는 존 앤더슨이 그럴 법한 이유를 하나 제시했다. 앤더슨은 이 학교에서 Z리스트로 대학에 가는 학생들은 "매우, 매우, 매우 높은 비중으로 동문 자녀들"이라고 말했다. 그는 "하버드는 하버드의 아들 딸들을 합격시키는 데 매우 높은 우선순위를 가지고 있는 것 같다."라며 "Z리스트는 그 우선순위의 일을 달성하는 좋은 방법 중 하나"라고 말했다.[29]

　　하버드가 Z리스트 합격자 정보를 공개하지 않기 때문에 (동문 자녀 우대에 대한 자료 전체를 공개하지 않는다.) 이 이상한 시스템의 기능이 무엇인지 정확히 알기는 어렵다. 하지만 몇 년 전《크림슨》이 Z리스트 학생 표본을 추출해 알아낸 바에 따르면, 3명 중 2명은 동문 자녀이고 10명 중 9명은 장학금을 지원할 수 없는 학생들(가구 소득이 15만 달러 이상이라는 의미다.)이었으며 대부분 사립 고등학교 출신이었다. Z리스트는 시스템의 구멍 중의 구멍이다.[30]

　　물론 이런 관행을 없애도 계급의 재생산을 막는 데 커다란 효과를 내지는 못할 것이다. 동문 자녀 우대제가 없어져서 생길 '아주 좁은 일각'의 자리에는 역시나 비슷한 사회 경제적 배경 출신인 다른 지원자가 들어올 것이다. 하지만 이런 논리로 이 제도가 유지되어도 좋다고 생각한다면 중요한 점 하나를 놓친 것이다. 좋은 대학에 들어가는 것은 이후의 삶에서 갖게 될 기회와 물질적인 성공 가능성에 크게 영향을 미치므로, 좋은 대학에 들어갈 수 있느냐 아니냐는 전적으로 개인의 능력에 따라 결정되어야 한다. 동문 자녀 우대제는 상징적인 것에 불과할 수도 있지만, 그것이 무엇을 상징하는지에 대해 우리는 진지하게 생각해 봐야 한다.

인맥과 연줄이 더 중요한 인턴 제도

　　운 좋게 중상류층 가정에서 태어난 아이는 부유한 동네에서 자라고 좋은 학교에 다니며 고등학교를 마칠 무렵이면 '대학에 갈 만반의 준비가 된' 상태일 가능성이 크다. 대학 입시에서, 그리고 대학 생활에서 다양한 도움도 받을 수 있을 것이다. 인생의 중요한 전환기인 이 시기에는 매우 큰 계급 격차가 존재하며 이 격차는 이후의 소득과 삶의 기회에 지대한 영향을 미친다.

인생에서 두 번째로 중요한 전환기는 학생에서 직장인으로의 전환기일 것이다. 특히 2008년 대침체 이후 대졸자들에게도 노동시장에서 단단하게 발을 딛고 시작하기가 만만치 않아져서 이 두 번째 전환기의 중요성은 더욱 커졌다.

물론 구직자들에게 가장 좋은 자산은 우수한 학점이다. 하지만 직업의 세계에 얼마나 성공적으로 진입하느냐에는 그 밖에도 많은 요인이 영향을 미친다. 단순히 취업을 하는 것과 보수가 높고 안정적이며 업무가 흥미로운 일을 하는 것은 다른 이야기다.

여기에는 사회성과 네트워크가 큰 영향을 미친다. 전체 일자리의 절반이 가족이나 친구를 통해 구해지는 나라에서[31] 출생계급은 장래 계급을 결정짓는 중요한 변수가 될 가능성이 크다. 어려서부터 아이들은 부모의 직업이라는 렌즈를 통해 직업의 세계를 상상한다.

그런데 이는 단지 중상류층 아이들이 좋은 직업군에 자연스럽게 노출되어서만은 아니다. '자녀와 직장에 가는 날(Take Our Daughters and Sons to Work Day)'이라는 제도를 생각해 보자. 이것은 1993년에 젠더 평등을 지향하는 매우 진보적인 운동으로 시작되었지만(처음의 이름은 '딸들과 직장에 가는 날'이었다), 시간이 가면서 계급 불평등을 고착화시키는 역진적인 제도로 변질되었다. 물론 누가 일부러 그렇게 만든 것은 아니다. 이 제도를 운영하는 재단도, 여기에 참여하는 300만 개의 기업과 기관도, 학생들에게 학교에

오는 대신 부모의 직장을 방문하도록 허용하는 교육청들도, 2016년 4월에 결의안 424호에서 "더 강하고 밝은 미국의 미래를 촉진하기 위해" 이 제도를 제안한 상원도, 이 제도가 그렇게 변질되기를 원하거나 의도하지 않았다.[32] 이것은 의도하지 않은 결과였다.

직업적 지위가 상이한 사람들이 각기 자녀를 일터에 데리고 오면 아이들은 자기 부모가 하는 일을 통해 자신의 미래 직업을 그려 보게 된다. 엄마가 변호사라면 법무 법인에서 하루를 보낼 것이고 아빠가 식품점 매대에 물건 쌓는 일을 한다면 그 모습을 보게 될 것이며 부모 모두 무직이면 가서 볼 일터가 없을 것이다. 실질적으로 '자녀와 직장에 가는 날'은 중상류층을 위한 제도다.

오바마 대통령은 이날의 강조점을 옮기려고 용감하게 노력했다. 2016년에 그는 고용주들이 더 폭넓게 생각해야 한다며 다음과 같이 독려했다. "당신의 지역 사회 젊은이들 중 방문할 일터가 없는 젊은이들에게 손을 내미십시오. 하룻동안 그들을 당신의 회사에 초청해 당신이 날마다 하는 일들을 보여 주십시오. 그리고 굳은 결심으로 열심히 노력하면 그들도 할 수 있다고 말해 주십시오."[33] 대통령 본인도 모범을 보여서 사회 경제적으로 불리한 처지의 아이들을 백악관과 연방 정부 기관들에 초청했다. 하지만 아직까지 그의 모범을 따른 곳은 별로 없다.

하지만 일부를 보완해서 제도를 손볼 생각을 하기보다는 이 제도의 개념 자체를 바꿔 볼 필요가 있다. '자녀와 함께 직장에 가는 날'이 아니라 '사회 경제적 배경이 나와는 매우 다른 누군가의 자녀와 함께 직장에 가는 날'로 만들면 어떨까? (더 짧고 귀에 쏙 들어오는 명칭이어야 할 필요는 있겠다.) 세대 간 계층 이동성의 관점에서 보면, 가난한 배경의 아이들이 사다리의 위쪽을 볼 수 있는 기회를 제공하는 게 당연히 훨씬 더 낫다. (나에게 권한만 있다면, 브루킹스 연구소에서 한번 잘 해 볼 수 있을 텐데.) 이 아이들 중 일부는 대학에 진학하고 좋은 직업을 가질 수 있을 것이다.

그런데 대학생에서 직장인으로 넘어가는 중간 단계가 하나 있다. 바로 인턴이다. 그리고 여기에도 기회 사재기가 만연해 있다. 인턴 제도는 노동 시장 규제에서 사실상 벗어나 있기 때문에 연줄을 통해 서로 혜택을 주는 식으로 알음알음 분배된다. 찰스 머리는 인턴 제도가 "특권층을 위한 적극적 우대 조치"라고 말했다. "돈을 전혀 안 벌고도 여름을 지낼 수 있는 학생은 누구이겠는가? 부모가 생활비를 대 주는 학생들일 것이다. 당신이 인턴 자리를 얻으면 주변에서 어떤 사람을 보게 되겠는가? 당신과 마찬가지로 중상류층 출신인 대학생 인턴들, 그리고 당신의 부모와 같은 중상류층 상사들일 것이다."[34]

찰스 머리로서는 한탄스럽게도 인턴 제도는 활황을 구가하고 있다. 미국의 약 700개 대학 졸업반 학생 중 5명에 3명은 재학 중에 인턴이나 직업 현장 연계 프로그램을 경험한 것으로 나타났다. 10~20년 전만 해도 재학 중에 이런 경험을 하는 학생은 매우 소수였다.[35] 인턴 중 절반이 약간 넘는 수가 무급 인턴이다. 많은 고용주들이 채용 시에 구직자의 인턴 경험을 높이 사며, 인턴이 곧바로 채용으로 이어지기도 한다. 인턴을 경험한 학생 중 절반이 졸업 후 곧바로 정규직을 얻는 것으로 나타났다.[36] 로스 펄린의 책

『청춘 착취자들』에서 한 컬럼비아 대학 신입생은 이렇게 말한다. "(인턴은) 마치 전공 필수 과목처럼 꼭 거쳐야 하는 과정이 되었습니다. 여름 방학 때 인턴을 하지 않으면 뒤처지게 되죠."

2012년에 5만 개 회사의 인사 전문가, 경영자, 관리자들을 대상으로 실시한 설문 조사 결과, 인턴 경험 여부를 대졸자 채용 시에 가장 중요한 요인으로 고려하는 것으로 나타났다.[37]

여기에는 합리적인 측면이 있다. 회사 입장에서는 해당 분야에 어느 정도의 지식과 이해가 있는 사람을 채용하고 싶을 것이기 때문이다. 하지만 부유한 학생들이 인턴 기회를 잡기에 더 유리하다면 여기에는 매우 불공정한 측면이 있기도 하다. 여름 방학 때 돈을 벌지 않고도 어느 정도 버틸 수 있는 학생이라고 해도, 좋은 인턴 자리가 몰려 있는 뉴욕, LA, 워싱턴 D.C. 등은 생활비가 매우 비싸서 저소득층 가정에서는 (심지어는 중산층 가정에서도) 감당하기 어렵다. 몇몇 명문 대학은 인턴을 하는 학생들에게 장학금을 주지만, 이런 학교들은 애초에 학생 대부분이 중상류층이다.

4대 회계 및 컨설팅 기업(딜로이트, 언스트 앤 영, KPMG, 프라이스 워터하우스 쿠퍼스)은 매년 3만 명의 인턴을 채용한다.[38] 골드만 삭스는 많게는 신입 사원 10명 중 9명이 자사 인턴 출신이다.[39] 인턴은 중상류층 대졸자들이 노동 시장에서 월가를 비롯한 고소득 직종에 안착하게 해 주는 제도적 파이프라인이다.[40] (대침체 이후에도 프린스턴 졸업생의 60퍼센트 이상이 경영 컨설팅 업계나 금융 업계로 진출했다.)

의원실, 로비 회사, 워싱턴 D.C.의 싱크탱크도 여름이면 인

턴으로 넘쳐난다. 《이코노미스트》의 추산에 따르면 미국 의회에만
도 6000명의 인턴이 있다. 많은 인턴이 무급이고 연줄이나 특혜를
통해 들어온다. 인턴을 채용하는 기관들은 으레 인턴들이 집에서
생활비를 받을 것으로 가정한다. 경제 정책 연구소(Economic Policy
Institute) 부소장 로스 아이젠브레이가 언급했듯이, "부모가 한 달
벌어 한 달씩 어렵게 살고 있다면 어떻게 자녀가 인턴으로 일하겠
는가?"[41]

오바마 시절의 백악관도 예외가 아니었다. 매년 비중 있는
기부자, 연줄 많은 기업인, 정치적 동지들의 아들딸들이 목록에 올
라온다. 아이비리그 대학생들과 사립 고등학교 출신 대학생들이
목록의 대부분을 차지한다. 줄리아 피셔가 2013년 백악관 인턴들
을 대상으로 분석한 결과, 워싱턴 D.C.에서 가장 비싼 조지타운
데이 고등학교는 플로리다, 펜실베이니아, 일리노이주에서 보내
는 수를 합한 것보다 많은 인턴을 백악관에 보낸다. 인턴이 어느
고등학교 출신인지는 공식적으로 발표하지 않는데 피셔는 이것을
어떻게 알았을까? 피셔가 말하길, "나도 그 고등학교 출신이고 나
이전에도 우리 회사 에디터 중 두 명이 그 고등학교를 나왔다."[42]
2013년 백악관 인턴 중 한 명은 해리 서머스인데, 하버드 총장과
재무부 장관을 지낸 래리 서머스의 아들이다.[43]

마이클 블룸버그 시장 시절 뉴욕 시청에서 인턴으로 일한
1500명의 무급 인턴 중 적어도 5명 중 1명은 뉴욕 시청 직원의 추
천을 받아서 들어왔다.[44] 그중 한 지원자는 아마도 면접을 매우 쉽
게 통과했을 것이다. 이름은 엠마 블룸버그다. 다들 탐내는 인턴

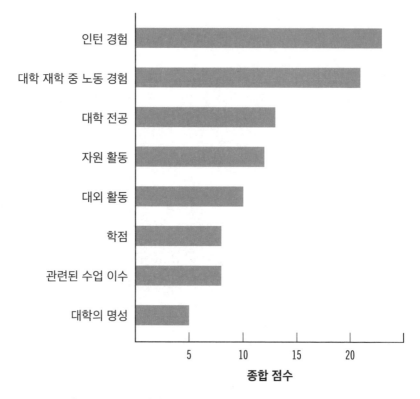

종합 점수

─────── 그림 6. 3 고용주는 인턴 경험을 가장 높이 친다

출처: "The Role of Higher Education in Career Development: Employer Perceptions," *Chronicles of Higher Education*, 2012 (www.chronicle. com/ items/biz/pdf/Employers%20Survey.pdf).

설문 항목은 다음과 같다. "최근 졸업한 대졸자의 이력서를 보았을 때 교육 수준 과 관련한 다음의 자격들 각각에 얼마나 비중을 두십니까? 최근 졸업한 대졸자 의 이력서에서 다음 각 유형의 경험에 얼마나 비중을 두십니까?" 응답자들이 답 변한 중요도에 대해 각 항목별로 학업 가중치 또는 경험 가중치를 적용해 종합 점수를 계산했다.

자리에 시장의 딸을 채용하기 위해 뉴욕 시청의 '이해관계 충돌 심사 위원회'는 이 건에 대해 '특별 면제'를 내려 주어야 했다. 공식적으로 이해관계 충돌 심사 위원회는 뉴욕시 공무원들이 추천서를 쓸 때 "부모로서 갖게 되는 자연적인 본능에 영향받지 않아야 한다."라고 요구한다.

2014년에 뉴욕 시장이 된 빌 더블라지오는 전임자인 블룸버그보다 진보적인 입장을 내보였다. 그는 취임식에서 이렇게 말했다. "우리는 우리가 사랑하는 이 도시를 붕괴 직전으로까지 위협하고 있는 경제적, 사회적 불평등을 끝장내야 합니다." 그해 여름, 더블라지오가 임명한 이해관계 충돌 심사 위원회 위원장은 인턴 두 명에 대해 특별 면제를 내렸다. 이름은 키아라 더블라지오와 단테 더블라지오이고, 시장의 딸과 아들이다.[45]

학생에서 직장인으로 넘어가는 다리로서 인턴 제도는 굉장히 유용할 수 있다. 이론상으로는 그렇다. 예를 들어 인턴 제도는 고용주들이 채용 후보군의 규모를 넓힐 수 있게 해 주고 젊은이들이 미래의 일터에 대해 맛을 볼 수 있게 해 준다. 하지만 인턴은 너무나 자주 기회 사재기 수단으로 기능한다. 한 자리라면 양동이에 물 한 방울 정도일지 모르지만, 종합적으로는 사회 전체적인 기회와 계층 이동성과 관련해 매우 우려스러운 함의를 가진다.

아마 개인적으로 우리는 내 아이나 지인의 아이가 좋은 인턴 자리를 잡도록 돕는 것에 대해 죄책감을 느끼지 않을지도 모른다. 매우 진보적인 인사들도 그렇게 하는 것에 별다른 문제를 못 느끼는 것을 보면 말이다. 라이핸 살람이 지적했듯이, "평등주의에 진심으로 헌신하는 사람들도 자신의 딸이 친한 지인이나 동료 밑에서 인턴을 할 수 있는 기회를 단지 다른 아이들이 동일한 기회를 얻지 못한다는 이유만으로 거부하지는 않을 것이다."[46] 하지만 이러한 관행은 시장을 왜곡하는 것이며, 그런 면에서 내 생각에 이것은 집합 행동이 필요하다는 데 대해 보수주의자들도 동의할 수 있을 만한 영역인 것 같다.

계급 차별이라는 문화적 걸림돌

이제까지 설명한 모든 문제에 대해 심각한 문화적인 장벽이 개혁을 가로막고 있다. 커다란 장벽 중 하나는 중상류층이 자신의 지위가 전적으로 자신의 실력 덕분이라고 믿는 것이다. 여러 다양한 방식으로, 미국에는 미국이 계급 없는 사회라는 신화가 작동하고 있다. 스스로를 계급 없는 사회라고 생각하는 사회에서 계급 분석을 하기는 어려울 수밖에 없다.

사회적 계급을 기반으로 한 차별은 (내 옛 나라에서는 이것을 "계급 우월 의식"이라고 불렀다.) 대체로 잘 인식되지 않는다. 성차별이나 인종 차별에 대해서는 매우 민감한 미국인들도 자신도 모르는 사이에 계급 차별을 저지르곤 한다. 로렌 리베라가 저서 『혈통』에서 주장한 바에 따르면, 노동 시장에서 상위에 있는 직군의 고용주들은 채용 시에 암묵적인 계급 장벽을 종종 세운다. "대학의 입학 사정 시에 쓰는 기법을 도입해서, 기업들은 지원자들을 학과 외 활동으로 한 번 더 거르는데, 백인 중상류층 문화와 잘 부합하는 고급스럽고 돈이 많이 드는 활동을 한 사람들이 우대된다."[47]

사람들은 자신과 비슷한 사람에게 더 호의적인 태도를 보이는 경향이 있는데, 계급 배경에 대해서도 그렇다. 한 투자 은행 임원은 '공항에서 함께 발이 묶인 경우'에 어떨 것인가가 자신이 중요하게 생각하는 기준 중 하나라고 말했다. "눈 폭풍이 몰아치는 미니애폴리스 공항에서 발이 묶여 하루를 함께 지내야 한다면 어떻겠는가? 함께 출장을 가서 이틀간 저녁을 함께 먹어야 한다면 어떻겠는가? 이런 상황을 같이 보내기에 괜찮은 사람인가?"[48]

흥미롭고 성격 좋은 동료를 좋아하는 것은 인지상정이다. 문제는, 이것이 계급 차별의 한 형태가 되는 경우다. J. D. 밴스는 예일 법학 대학원 졸업생들과 나눈 대화를 이렇게 전하고 있다. "예일 법학 대학원의 취업 지원 사무실은 면접관이 보기에 비행기를 함께 타고 가도 꺼려지지 않을 법한 사람이 되는 것이 중요하다고 조언한다. 면접은 사회적 능력에 대한 테스트다. 소속감, 기업 이사회에 자신의 뜻을 관철시킬 수 있는 역량, 잠재 고객과 네트워크를 만들 수 있는 능력 같은 것들 말이다."[49]

내가 계급을 강조한다고 해서 인종 격차, 특히 흑인에 대한 차별이 여전히 심각하다는 사실을 간과하려는 것은 아니다. 계급 차별이 심화되었다는 말이 인종 차별이 사라졌다는 말은 아니다. 인종과 계급 모두 사회적 차별의 커다란 요인이며 사실 이 둘은 상호작용을 한다. 하지만 사회의 꼭대기 부분, 능력 본위적 시장 가치가 지배하는 영역을 보면 인종 장벽은 약간 낮아지는 추세지만 계급 장벽은 높아지고 있다.

다양성을 자랑스럽게 여길 수 있는 사회가 되려면 계급도 방정식에 포함시켜야 한다. 혼합적인 학교, 일터, 동네, 사회가 좋은 이유는 혼합된 팀이 더 나은 팀이기 때문이며, 여기에서 계급은 다른 어떤 범주 못지 않게 중요하다. 인종이나 성별이 다른 두 사람이 모두 동부의 부유한 집안에서 자라서 명문 사립 학교와 아이비리그 대학을 졸업했다고 해 보자. 그렇다면 이 두 사람 사이의 차이는 이들과 애팔래치아 산맥의 작은 마을에서 홀어머니와 가난하게 자란 백인 남성 사이의 차이보다 훨씬 적을 것이다. 미국의 조직들은 BBC나 영국 공무원 조직의 선례를 따라 성별과 인종뿐 아니라 사회 계급까지 포함해서 다양성을 점검해야 한다.[50] 셰릴 캐신이 저서 『인종이 아니라 장소』에서 지적했듯이, "민권 운동가가 인종적 불평등을 논하거나 진보적인 학자가 '백인 특권'을 이야기할 때 그들이 실제로 비교하고 있는 것은 평범한 유색 인종 대 부유한 백인이다. (다양성에 대한) 논쟁에서 노동자 계급 백인은 별도로 이야기되는 일이 거의 없다. 하지만 노동자 계급 백인은 자신이 특권층이라고 느끼지 않으며 전 지구화된 경제에서 그들은 실제로 특권층이 아니다."[51]

작은 양보가 사회를 바꿀 수 있다

기회 사재기는 하나의 커다란 기계가 작동해서 나오는 결과가 아니라 개인들의 작은 선택과 선호들이 일으킨 효과가 누적되어 생기는 결과다. 내 딸이 좋은 대학에 동문 자녀 자격으로 입학할 수 있게 조금 밀어 주는 것, 내 아들이 인턴 자리를 잡아 전문직 직업의 세계를 맛볼 수 있게 돕는 것, 주택 밀도를 낮게 유지하겠다고 말하는 후보에게 투표하는 것 등을 하나씩 따로따로 보면 사소해 보인다. 하지만 많은 "미시적 선호들"(경제학자 토머스 셸링의 표현이다.)이 그렇듯이 이런 것들이 종합되면 사회 전반의 문화에 큰 영향을 미칠 수 있다.

과거 인종 차별에 쓰이던 제도들(유대인 입학을 막기 위한 동문 자녀 우대, 흑인 가정이 동네에 들어오는 것을 막기 위한 토지 용도 규제 등)은 버려지지 않았다. 최근 몇십 년 사이, 그것들은 다소 완화되고, 정상화되고, 미묘하게 용도가 바뀌어 중상류층의 지위를 유지하는 데 일조하고 있다. 그리고 이는 더 개방적이고 더 경쟁적이고 더 공정한 사회로 가는 길에 큰 걸림돌이다.

이 문제를 해결하는 데 비용이 하나도 안 드는 것처럼 말해서 당신을 바보 취급하지는 않겠다. 기회 사재기를 줄인다는 말은 중상류층이 지금보다는 어느 정도 손해를 봐야 한다는 의미다. 하지만 그 손해가 크지는 않을 것이다. 우리가 사는 동네는 지금보다 약간 덜 고급스러운 동네가 될 것이다. (하지만 덜 지루한 동네가 될 것이다.) 우리 아이들은 학교 복도에서 가난한 아이들도 마주치게 될 것이고, 아이비리그 대학에 가려고 기를 쓰기보다 꽤 좋은 공립 대학에 진학하는 것에 만족할지도 모른다. 하지만 우리가 이런 정도도 감수하지 않으려고 한다면, 희망은 없다.

금전적인 비용도 든다. 예를 들어 우리가 인적 자본을 육성할 기회를 더 평등하게 만들려면 공공 지출을 늘려야 한다. 그 돈은 어디에서 나오는가? 슈퍼 리치에게 전부 대라고 할 수는 없다. 들여야 할 비용의 상당 부분은 중상류층에서 나와야 한다. 나와 당신에게서 말이다.

7.

변화를 위한 제안

우리는 노동 시장에 강력한 규제를 도입해
불평등을 사후적으로 고치려 하기보다는 생애 첫
25년 동안 인적 자본을 축적하는 데에서 발생하는
격차를 좁히는 것을 목표로 삼아야 한다.

나는 미국 시민권을 받기 위해 공민학 시험을 치러야 했는데, 시험에 이런 질문이 있었다. "초창기 북아메리카 식민지 개척자들은 왜 영국을 떠나 신세계에서 새로운 삶을 시작했습니까?" 나는 공식 정답 목록 중 "종교적 자유", "박해를 피해서"와 함께 "경제적 기회"를 골랐다.

'기회'는 오늘날 대부분의 이민자들이 미국에 오기로 결심하는 주요 동기일 것이다. 자신의 기회만이 아니라 아이들의 기회를 위해서도 말이다. 아메리칸 드림의 이상과 매력은 여전히 건재하다. 하지만 문제에 봉착해 있기도 하다. 계급 없는 사회임을 자랑스러워하는 사회에 사실은 깊은 계급 구분이 존재하는 것이다.

그렇다면 우리는 무엇을 해야 하는가? 흔히 이런 책은 앞

장들에서 언급한 문제들에 대해 정책 제안을 제시하는 것으로 마무리되곤 한다. 물론 나도 그렇게 할 것이다. 명색이 나는 정책 싱크탱크에서 일하는 사람 아닌가.

하지만 목표가 무엇인지를 처음부터 명확히 해 두는 것이 중요하다. 미국의 노동 시장은 대체로 능력 본위적이고 경쟁적이다. 나는 노동 시장의 일반 원칙이 앞으로도 그렇게 유지되기를 원한다. 미국은 너무 경쟁적인 게 문제가 아니라 충분히 경쟁적이지 못한 게 문제다. 노골적으로 경쟁을 저해하는 기회 사재기 관행 때문이기도 하지만 경쟁에 잘 대비할 수 있는 기회가 너무나 불평등하다는 것이 더 큰 문제다. 시장은 이를 반영하는 거울일 뿐이다.

우리는 노동 시장에 강력한 규제를 도입해 불평등을 사후적으로 고치려 하기보다는 생애 첫 25년 동안 인적 자본을 축적하는 데에서 발생하는 격차를 좁히는 것을 목표로 삼아야 한다.

여기에서 나는 종합적이고 상세한 선언문보다는 우리가 할 수 있고 해야만 하는 일곱 가지 조치를 제시하고자 한다. 일곱 가지 각각에 대해 많은 책과 논문이 나와 있으며, 더 상세히 알고 싶은 독자들에게는 주석에 실려 있는 자료들이 좋은 참고가 될 것이다.

첫 네 가지는 인적 자본 육성 과정을 평등하게 만들기 위한 것으로, 계획하지 않은 임신을 줄이고, 육아 격차를 좁히고, 열악한 학교에서 더 훌륭한 교사가 일할 수 있게 하고, 대학 학자금 조달 기회를 더 공정하게 만드는 것이다. 이 조치들의 목표는 경쟁을 준비하는 과정을 더 평등하게 만드는 것이다. 각 주제마다 더 급진적이고 야심찬 개혁 방안들도 제시했는데, 좋은 아이디어들이 이미 많이 나와 있다는 것을 보여 주기 위해서다. 다음 세 가지는 기회 사재기를 줄이기 위한 것으로, 배타적인 토지 용도 규제를 없애고, 대학 입학 자격을 확대하고, 인턴 제도를 개혁하는 것이다. 이 조치들의 목표는 반경쟁적인 행위를 줄여 경쟁 자체가 더 공정하게 이뤄지게 만드는 것이다.

계획하지 않은 임신과 출산을 줄이자

많은 면에서 미국은 매우 현대적인 사회다. 35세 미만의 성인 거의 모두가 인터넷을 사용하고 열에 아홉 이상이 스마트폰을 사용한다.[1] 미국인들은 온라인으로 은행 업무를 보고 앱으로 소통하며 1만 2000마일 상공에서 위성들이 위치를 알려 주는 GPS로 길을 찾는다. 테크놀로지는 교통, 의료, 심지어 맞선까지 많은 것을 변화시켰다. 하지만 아주 중요한 한 가지 분야에서 테크놀로지의 잠재력이 아직 실현되지 못하고 있다. 아직도 미국에서는 피임이 매우 구식으로 이뤄진다. 매우 효과적이고 편리한 형태의 피임법('장기적으로 작용하는 가역적 피임법(long-acting reversible contraceptives, LARC)'이라고 불리는 것들)이 많이 나와 있는데도 사용하는 사람은 매우 적다.

LARC와 콘돔, LARC와 피임약의 차이는 마취제와 위스키의 차이만큼이나 크다. 콘돔에만 전적으로 의존하는 사람들은 5년 안에 임신할 확률이 63퍼센트나 되지만 여성이 양질의 자궁 내

피임법(IUD)을 사용하면 5년 안에 임신할 확률이 1퍼센트에 불과하다.[2] 하지만 당국자들이나 의료 전문가들이 LARC 사용을 그리 적극적으로 장려하지 않아서 15~24세 여성 중 겨우 5퍼센트만 LARC를 사용하고 있다.[3] 한편 20대 초반 여성 중 지난달에 불법 마약을 해 본 적이 있다고 답한 사람은 20퍼센트에 달한다.[4] 불법 마약을 경험한 젊은 여성의 비율이 효과적인 피임법을 사용하는 비율을 훌쩍 넘어선다는 것을 볼 때, 개선의 여지가 아주 많다고 볼 수 있다.

성에 대한 사회적 규범은 매우 빠르게 자유로워졌는데 효과적인 피임법은 느리게 도입되고 있으니, 30세 미만 여성의 임신 중 60퍼센트가 계획되지 않은 임신이라는 사실은 놀랄 일도 아니다. 젊은 여성들(특히 20대 여성들) 사이에 계획하지 않은 임신과 출산이 많은 것은 빈곤, 불평등, 공공 지출, 주거, 의료 등에 심각한 함의를 가진다. 하지만 내가 주로 우려하는 것은 기회의 격차, 특히 인적 자본 형성에서 발생하는 계급 간 불균등이다.

대체로 의도치 않은 임신과 출산은 중상류층이 겪는 문제가 아니다.(3장 참조) 중상류층 여성들은 피임을 할 가능성, 그것도 더 효과적인 종류의 피임법을 사용할 가능성이 더 크며 계획되지 않은 임신과 출산을 할 가능성은 훨씬 적다.[5] 다른 영역에서와 마찬가지로 여기에는 큰 계급 격차가 존재한다.

그렇다면 우리가 할 수 있는 일은 무엇인가? 우선 대중의 인식을 높이는 일이 긴급히 필요하다. 이사벨 소힐과 조애나 베네이터는 아이오와주의 "황새를 피하자."와 콜로라도주의 "예방이

먼저다." 같은 캠페인을 본따 사람들에게 임신의 위험성과 효과적인 피임법을 알려 주는 사회적 캠페인을 해야 한다며, 연방 정부의 가족계획 프로그램('타이틀 X') 자금 중 연간 1억 달러를 공공 보건 과학국 산하 인구부를 통해 각 주의 캠페인에 투자하자고 제안했다. 소힐과 베네이터는 캠페인이 잘만 구성된다면 여기에 들어가는 지출 1달러당 적게 잡아도 5달러의 절감 효과가 발생할 것으로 추산했다.[6]

두 번째는 공급 측의 문제, 즉 보건 의료 전문가들 사이에 정보와 교육이 부족하다는 문제를 해결하는 것이다. 실제로 무작위 표본을 추출해 분석한 연구에 따르면 의료 인력에 대한 교육만으로도 LARC 도입에 유의미한 효과를 낼 수 있을 것으로 보인다. '업스트림' 같은 단체들이 오하이오주, 뉴욕주, 텍사스주, 델라웨어주 등에서 제공하는 전문가 교육 프로그램은 이런 면에서 매우 전망 있는 움직임이라고 할 수 있다.[7] 그 밖에 보건소를 확충하고 과금을 간소화하며 당일 진료 서비스를 제공하는 등 의료 서비스에 대한 접근성을 넓히는 조치들도 도입할 수 있을 것이다.

연방 정부가 10년간 9520억 달러가량을 지원해서 모든 주에서 메디케이드(저소득층 의료보장 제도)를 확대하게 하면 저소득층 여성 수백만 명이 가족계획 프로그램을 더 쉽게 이용할 수 있게 된다는 점도 주목할 만하다.[8] 또 마이크 펜스 부통령이 인디애나 주지사 시절 오바마 케어에 포함된 메디케이드 확대안을 받아들인 공화당 주지사 열 명 중 한 명이었다는 사실도 기억해 둘 만하다.

LARC를 널리 알리고 보급하는 것에 반대하는 사람들(특히 보수주의자들)이 주로 제기하는 우려는 도덕적인 측면이다. 많은 보수주의자들이 섹스와 피임이라는 사안을 굉장히 본질적이고 종교적인 입장에서 바라본다. 하지만 내가 보기에 그들은 사안의 본질에서 벗어나 있지 않나 싶다. 35세 이하의 미국인 대다수는 "18세의 결혼하지 않은 두 사람이 서로에게 강한 애정이 있다면 성관계를 가져도 무방하다."라는 진술에 동의한다고 답한다.[9] 중요한 것은 성행위에 대한 태도의 자유화가 언제, 어떻게, 누구와 아이를 가질 것인가에 대한 도덕적 책임의 자유화로 이어지지 않게 하는 것이다. 가벼운 섹스는 되지만 가벼운 출산과 양육은 안 된다.

콜로라도주 의회에서 최근에 벌어진 일은 이 사안과 관련해 초당적인 진보가 가능함을 보여 주었다. 2015년만 해도 LARC를 활용해 10대의 임신과 의도치 않은 임신을 줄이는 프로그램에 자금을 지원하자는 주 법안이 통과되지 못했다. 캐슬린 콘티(주 의회) 하원 의원은 "우리가 전하고자 하는 메시지가 '걱정 마. 보험으로 커버될 거야.'입니까? 그것은 옛 노래처럼 많은 젊은 여성이 밖으로 나가 옳지 않은 장소에서 사랑을 찾도록 허용하는 것 아닙니까?"라며 반대했다.[10]

하지만 2016년에는 이와 비슷한 법안이 주 의회 상하원 모두에서 통과되었고 공화당 의원들도 많이 찬성했다. (주 의회) 상원 의원 로이스 랜드그라프는 이렇게 말했다. "가톨릭 신자이기 때문에 내게 쉬운 일은 아니었어요. 하지만 낙태를 줄이고, 소녀들이 학교에 계속 다닐 수 있게, 그래서 바라건대 대학에 계속 다닐 수 있게 하고, 복지 수급자와 메디케이드 수급자가 되지 않게 해야 한다는 것이 내게 필요한 이야기의 전부였습니다. 그래서 법안에 찬성했습니다."[11]

랜드그라프 같은 보수주의자도 큰 그림을 보고 있으며 이 문제에 대해 쉬운 선택은 없다는 사실을 잘 알고 있다. 얼마나 다행한 일인가!

가정 방문 프로그램을 늘려 육아의 질을 높이자

부모의 계획하에 태어난 아이가 더 잘 살아가는 한 가지 이유는 대개 그런 경우에 부모가 양육도 더 잘하기 때문이다. 육아는 누구에게나 어려운 일이다. 하지만 부모가 된다는 것에 따르는 책임에 대해 준비가 되어 있으면 조금 낫다. 3장에서 설명한 '육아 격차'는 부모 자신만이 줄일 수 있으며, 자신이 아이를 어떻게 키우는지가 아이의 미래에 얼마나 중요한지를 더 많은 부모가 이해하는 것이 여기에 필수적이다.

하지만 육아의 질을 높이는 것은 사적인 문제만이 아니며, 마땅히 공공 정책의 목표가 되어야 한다. 부모에게 적절한 도움을 제공하는 것은 사회의 책임이고 좋은 정부의 징표이기도 하다. 물론 정책 결정자는 부모가 가진 권리와 자유를 민감하게 인식해야 한다. 하지만 가족과 육아에 대해 완전히 자유방임적인 태도를 취하는 것은 잘못이며 역진적인 결과를 가져올 것이다. 흔히 가족의 자율성을 보호한다는 것은 각 가족이 성공하든 실패하든 알아서

하게 내버려 두는 것이라 여겨지고 아이에게 무언가가 잘못되면 모조리 아이의 부모 탓을 한다. 물론 정부가 아이 키우는 일을 대신할 수도 없고 대신해서도 안 되지만, 그렇더라도 정부는 부모가 아이를 잘 키우도록 도울 수 있고 도와야 한다.

가정 방문 복지 프로그램은 좋은 출발점이다. 육아 전문가, 사회복지사, 전문 간호사들이 임산부나 아기가 있는 가정을 방문해 검진과 조언을 해 주고 그 밖에 활용 가능한 정부 프로그램들에 대한 정보를 준다. 참여가 의무 사항은 아니지만 참여하는 부모에게는 대개 계획을 세워서 지키도록 요구한다. 이런 프로그램으로는 영유아기 헤드스타트 가정 방문(Early Head Start Home Visiting, EHS-HV), 간호사-가정 파트너십(Nurse-Family Partnership, NFP) 그리고 독서 지도 프로그램인 취학 전 아동의 부모를 위한 가정 방문 프로그램(Home Instruction for Parents of Preschool Youngsters, HIPPY) 등이 있다. (이 분야가 영문 약어 만들기에 영 취약하다고 생각하신다면, 당신 생각이 맞다.) 보건 복지부의 가정 방문 효과성 정보 프로그램(Home Visiting Evidence of Effectiveness, HomVEE)에 따르면, 많은 가정 방문 프로그램이 건강, 교육, 아기 아버지의 관여, 터울 조정 등에서 긍정적인 효과를 가져오는 것으로 보인다.[12]

가정 방문 프로그램에 투입되는 가장 큰 연방 정부 자금은 연간 4억 달러 규모의 모성 및 영유아 지원 가정 방문(Maternal, Infant, and Early Childhood Home Visiting, MIECHV) 프로그램에서 나오는데, 2015년에 의회에서 2017년까지 2년간 연장 시행이 승인되었다. (2018년에 2022년까지 시행이 재승인되었다.) 이 프로그램의 장점 중 하나는 효과성에 대한 실증적인 평가와 근거에 큰 강조점을 둔다는 것이다. 이 프로그램이 집행하는 자금 대부분은 효과성이 입증된 프로그램들에 배분되지만 엄정한 효과성 평가를 수행한다는 조건하에 새로운 프로그램을 시도해 볼 수 있게 허용하는 유연성도 발휘한다. 그리고 여러 주 정부가 자체 예산을 매칭해 자금을 추가로 지원하고 있으며 데이터를 공유하고 협업하려는 움직임도 있다. 내 생각에 모성 및 영유아 지원 가정 방문 프로그램은 연방 정부가 수행할 수 있는 국내 정책 중 가장 좋은 사례를 보여 준다고 말해도 과언이 아닐 것 같다.

이것은 미국의 기준으로 보면 전례 없이 좋은 프로그램이긴 하지만, 아직 가정 방문 프로그램은 접근성이 그리 높지 않다. 지난 몇십 년 사이 4세 미만의 아이가 있는 가구 7곳 중 1곳 정도만 가정 방문 서비스를 받았다. (2017년에 나온 '2016년 전미 아동 건강 조사'에서는 비중이 더 높아졌을 것이다.)[13]

영국을 포함해 많은 나라에서 초보 부모를 돕기 위한 가정 방문 프로그램이 보편화되어 있으며 초보 부모들에게 인기가 매우 좋다. 나는 세 아이가 태어났을 때 의료 전문가가 방문해 도와준 것을 매우 좋은 기억으로 간직하고 있다. 그들은 아기의 발달 상태를 확인하고, 모유 수유가 어떻게 되고 있는지, 가족들이 잠은 좀 자는지 등을 확인했다. 공무원이 아니라 천사 같았다. 의료 방문자들은 조기 경보 시스템이나 마찬가지여서, 건강에 문제가 있거나 부모에게 더 많은 지원이 필요한 경우 상황에 맞게 추가적인 지원을 받을 수 있게 도와준다.

물론 정부의 돈이 효과 있는 프로그램에 현명하게 쓰이도록 하는 것과 영유아기 양육 격차를 줄이기 위해 공공 지출을 늘려야 할 긴박한 필요성 사이에서 균형을 맞추는 것은 중요하다. 정부 지출은 신중하게 이뤄져야 한다는 것을 감안하더라도, 2022년까지 연방 정부의 지원을 연장하기로 한 것은 명백히 타당한 결정으로 보인다. 그때쯤이면 효과성에 대해 더 완전한 평가가 가능할 것이다. 또한 많은 주 정부에서도 투자를 더 늘릴 수 있을 것이다. 현재 논의되는 수준보다 훨씬 더 과감하게 공공 지출을 확대해야 한다고 주장하는 사람들도 있다. 이를테면, 미국 진보 센터는 향후 10년간 연방 정부 예산 347억 달러와 주 정부 예산 248억 달러를 가정 방문 프로그램에 배정해야 한다고 주장했다.[14]

텍사스주의 가정 방문 프로그램을 평가한 텍사스 대학의 신시아 오스본은 이렇게 말했다. "우리가 던져야 할 큰 질문은 두 가지입니다. 우리는 효과적인 서비스를 제공하고 있는가? 그리고 우리는 우리의 돈을 현명하게 지출하고 있는가? 나는 두 질문 모두에 대해서 그렇다고 생각하고, 점점 더 나아지고 있다고 생각합니다."[15]

가정 방문 프로그램이 효과가 있음을 보여 주는 실증 근거는 취학 전 교육의 효과성을 보여 주는 근거 못지않게 탄탄하게 존재한다. 매우 당파적으로 분열되어 있는 의회에서 가정 방문 프로그램이 초당적인 지지를 받을 수 있었던 데에는 탄탄한 실증 근거가 있다는 점이 크게 기여했을 것이다. 이에 더해 정치적인 면에서의 장점도 있다. 가정 방문 프로그램에는 가족의 중요성에 대한 보수 진영의 개념과 잘 고안된 프로그램을 통한 정책적 개입이 육아의 질을 높이는 데 기여할 수 있다는 진보 진영의 주장이 결합되어 있다. 오바마 대통령은 취학 전 교육을 모두가 받을 수 있게 하기 위해 100억 달러를 써야 한다고 일관되게 주장했지만 공화당 의원들의 지지를 얻는 데에는 일관되게 실패했다. 이와 달리 가정 방문 프로그램 확대를 추진하는 것은 '좋은 정책'과 '정치적 가능성'이라는 두 측면 모두에서 더 합리적인 시도가 될 수 있을 것이다. (취학 전 프로그램을 확대하지 말아야 한다는 말은 물론 아니다. 양질의 취학 전 프로그램에도 투자를 늘려야 한다.)

2009년에 초당적으로 발의된 모성 및 영유아 지원 가정 방문 프로그램 법안은 힐러리 클린턴 당시 상원 의원이 공동 발의자 중 한 명이었다. 클린턴은 아이 한 명을 키우는 데는 한 마을이 필요하다고 말하기도 했고, 대선 후보 시절에는 가정 방문 프로그램 확대를 공약으로 제시하기도 했다. 이 글을 쓰는 현 시점에 트럼프 행정부가 가정 방문 프로그램에 대해 어떤 입장을 가지고 있는지를 판단하기는 어렵다. 단언할 수는 없지만, 지금까지 이룩한 진보가 계속되리라고 희망해도 좋을 것 같다.

더 훌륭한 교사들이 일할 수 있게 하자

상이한 계급 출신의 아이들은 상이한 읽기 역량을 가지고 학교에 입학한다. 계급 간의 '육아 격차'가 한 요인이다. 그리고 학령기를 거치면서도 이 격차는 줄지 않으며 오히려 더 커진다. 특히 꼭대기 쪽과 나머지 사이에서 격차가 크게 벌어진다.

미국의 초·중·고 교육 시스템을 비판하는 사람들은 지방 재산세에 상당 부분 의존하는 학교 자금 체계를 지적하곤 한다. 지방의 세수 감소가 학교 재원이 줄어드는 데 한 가지 원인이긴 하지만, 거의 절반가량의 주 정부도 가난한 지역에 있는 학교에 지출을 덜 한다.[16] 전국적으로 주 정부, 지방 정부의 지출을 합하면 가난한 25퍼센트의 교육구는 부유한 25퍼센트의 교육구에 비해 평균적으로 아동 1인당 15퍼센트(연간 약 1500달러) 적은 자금을 받는다.

최종적으로는 대부분의 학교가 같은 금액의 자금을 받는다. (저소득층 학생이 많은 학교에는) 연방 정부가 개입해 타이틀I 지원금(총 약 140억 달러)으로 격차를 메워 주기 때문이다. 하지만 2015년에 교육부 장관 안 던컨(지금은 브루킹스의 비상근 선임 연구원이다.)이 지적했듯이, "그 돈의 애초 목적은 '추가적인' 용도에 쓰는 것이었다. 가난한 아이들과 영어를 배워야 하는 아이들, 장애가 있는 아이들은 학교에 다니는 데 추가적인 어려움이 있기 때문에 이를 위해 추가적으로 지원되는 지출이어야 하는 것이다."[17]

어쨌거나 학교가 얼마의 자금을 지출하느냐는 학교의 성과를 예측하는 데 좋은 지표가 아니다. 학급 규모도 마찬가지다. 학교의 성과에 명백하게 큰 영향을 미치는 요인은 교사의 질이다. 라지 체티, 존 프리드먼, 조나 로코프의 연구 결과, '부가 가치' 평가(학년 초와 말에 학생들의 시험 점수가 얼마나 상승 혹은 하락했는지를 기준으로 교사 역량을 평가하는 기법)를 기준으로 볼 때 역량이 높은 교사는 학생의 대학 진학 가능성, 대학 생활의 질, 이후 얻을 수 있는 소득 기회를 높이는 데 기여하는 것으로 나타났다. (학생들의 학기 초와 학기 말 시험 점수 등락, 즉 부가 가치가 교사의 질을 반영하는 지표로 적절한지, 아니면 교사의 질보다는 해당 학급 학생들의 계층, 인종 등의 특성에 따라 부가 가치가 영향을 받는 것인지에 대해, 체티의 연구팀은 부가 가치가 학생 집단에 따른 편향 없이 모든 배경의 학생들에 걸쳐 교사의 질을 측정하는 지표로 유의미함을 발견했다.[18]) 교사의 질이 학생의 생애에 미치는 장기적 영향의 규모는 상당히 크다. 이들의 연구에 따르면, "역량이 하위 5퍼센트에 속하는 교사 한 명을 평균적인 역량의 교사로 교체하면 현재 가치로 환산한 학생들의 생애 소득 예상치가 학급당 약 25만 달러 높아지는 것으로 추산된다."[19]

어떻게 하면 훌륭한 교사가 가난한 동네의 학교에서 일하게 할 수 있을까? 이상주의에 기대지 말고 인센티브 구조를 조정해야 한다. 한 가지 접근 방법은 돈을 쓰는 것이다. 앨런 크루거는 "부유한 교외 지역이 아니라 도심 저소득층 주거지의 공립 학교에서 일하는 교사들, 즉 학교 생활에 준비가 덜 되어 있고 더 산만한 학생들을 가르쳐야 하는 교사들에게 훨씬 많은 보수를 주어야 한다."라고 주장했다.[20] 교육부 장관 시절 안 던컨은 1년에 150억 달러면 가장 가난한 20퍼센트의 학교에서 교사들의 봉급을 50퍼센트 이상 인상할 수 있다는 추산치를 제시하기도 했다.[21]

현재의 교사 봉급 구조는 거꾸로다. 즉 부유한 학교에서 봉급이 더 높은데, 상당 부분은 부유한 학교에서 일하는 교사들이 경험과 자격증 등이 더 많아서다. 2006년에 교육 형평성을 높이기 위해 20억 달러 규모의 교사 유인 펀드 프로그램이 도입되었다. 학습 지도가 더 많이 필요한 학생들이 있는 학교에 더 좋은 교사가 가게 하는 것을 목표로 한 프로그램이었다.[22] 이 프로그램의 효과성에 대한 평가는 계속 이뤄지는 중인데, 교사들의 인식이나 채용 과정 등의 측면에서는 실행에 상당한 어려움이 있지만, 일부 학생들의 학업 성취 면에서는 "작지만 긍정적인" 효과가 있는 것으로 나타나고 있다.[23] 2011~2013년에 프로그램의 조건을 만족한 교사가 평균적으로 받은 보너스는 연봉의 4퍼센트 정도인 1800달러였다. (성과가 가장 좋은 교사들은 이보다 세 배 정도 더 받았다.)

장기적으로는 교사의 봉급이 교사의 수업 역량과 교육 형평성에 대한 기여도 둘 다를 고려해 차등적으로 정해져야 한다. 봉급 분포의 상위에는 가난한 학교에서 일하는 훌륭한 교사가 올라가야 하고 부유한 학교에서 일하는 성과가 낮은 교사는 아래쪽에 있어야 한다.

금전적 인센티브 이외에 다른 방법들도 있다. 예를 들면 교사 채용시 선발 기준을 강화하고 가난한 학교의 교사들이 전문적인 교수법을 개발할 수 있도록 투자하는 방법 등이 있다. 이는 루이지애나주 어센션 패리시 카운티 교육청의 사례에서 효과가 있는 것으로 나타났다.[24] 또 학업에 도움이 필요한 학생들에게 개별 지도를 해 주는 데에 투자를 늘리는 방법도 있다. 시카고에서 진행되는 한 프로그램이 매우 효과가 좋은 것으로 나타나고 있는데, 비용은 학생 1명당 연간 3000달러 정도다.[25]

또 다른 아이디어도 있다. 열악한 학교에서 일하는 것을 교장이나 교감으로 승진하기 위해 거쳐야 할 필수 조건으로 만드는 것이다. 승진하고 싶은 교사들은 다양한 학교 환경에서 자신의 역량을 입증해야 할 것이다. 그들이 평균 이상의 역량을 가진 교육자라는 전제에서 이런 제도는 부유한 동네와 가난한 동네 사이에 교사의 질 격차를 좁히는 데 도움이 될 것이다.

교육 시스템에서 가장 중요한 자원은 좋은 교사다. 부모라면 누구나 알고 있을 것이다. 따라서 이 자원을 어떻게 운영할 것인가는 자원 분배와 관련해 가장 중요한 문제라고 볼 수 있다. 물론 정책을 추진할 때 큰 어려움이 있을 것이다. 하지만 우리가 추구해야 할 목표가 무엇인지는 꽤 분명하며, 우리가 사용할 수 있는 수단이 존재한다는 것도 분명하다.

대학 학자금 조달 기회를 공정하게 만들자

생애 첫 18년에 대해 아무리 좋은 개혁 조치들이 성공적으로 실행된다 해도 여전히 아이들은 어느 정도 상이한 사회적 배경에서 자랄 것이고, 따라서 고등학교를 마칠 무렵이면 상이한 수준의 학업 성취도를 보이게 될 것이다. 대학 교육의 개혁은 초·중등 교육의 개혁만큼 중요하고 어렵다. 하지만 초·중등 교육에서처럼 대학 교육에서도 우리가 할 수 있는 일들은 존재한다.

대학 교육을 무상으로 제공하자는 것은 매우 안 좋은 생각이며, 사실상 돈을 들여 중상류층에게 좋은 일만 시키는 격이 될 것이다. 하지만 현재 대학 학자금이 조달되는 방식이 엉망진창이 긴 하다. 우선 학자금 대출 절차가 훨씬 간소화되어야 하고 상환이 소득에 연동되도록 바뀌어야 한다. 학자금 대출로 곤란에 처하는 사람들을 보면, 소액의 학자금 대출과 저소득 일자리를 가진 경우다.[26] (그리고 그들이 나온 대학은 그리 좋은 대학이 아닌 경우가 많다.) 정부는 국세청 시스템을 통해 어렵지 않게 개인별 상환 계획을 소득과 연계시킬 수 있을 것이다. 수전 디나르스키는 그렇게 될 경우 "학자금 대출을 갚아야 하는 대졸자는 임금이 상승하지 않더라도 어느 정도의 보험을 갖는 효과를 누릴 수 있게 된다."라고 설명했다.[27] 이런 제도를 추진하되, 그것이 도입될 때까지는 일단 장학금 지원 절차를 크게 간소화하는 방법부터 당장 시도해 볼 수 있을 것이다.[28]

공립 대학들은 자금 부족에 시달리고 있다. 거의 모든 주가 대침체를 겪으면서 대학에 대한 자금 지원을 줄였고, 2008년 이전 수준으로 되돌아가는 것은 아직 요원하다.[29] 주 정부의 고등 교육 지출은 2007~2008년에서 2014~2015년 사이 학생 1명당 평균 1598달러, 비율로는 18퍼센트 감소했다. 또 사립 대학과 공립 대학의 자금 격차는 더 벌어졌다. 운용 기금이 풍부한 사립 대학들(이에 더해 이런 대학들은 학비도 비싸게 받을 수 있다.)은 최고의 교수진을 채용할 수 있고 최고의 시설을 제공할 수 있다. 오늘날 미국의 고등 교육이 처한 위험은 4등급의 위계가 존재한다는 것이다. 명문 사립 대학, 자원이 빠듯한 공립 대학, 커뮤니티 칼리지, 마지막으로 영리 대학.

이를 해소하는 데 꼭 필요한 조치 하나는 직업 교육의 위상을 강화하는 것이다. 4년제 학위에 대한 강박적 집착은 이제 사람들에게 실질적인 피해를 끼치는 지경에까지 이르렀다. 경험도 없고 준비도 안 된 학생들이 양질의 교육은 제공하지 않고 이윤만 추구하는 대학에 다니느라 빚을 진다. 대학을 그만두는 사람도 많다. 즉 대학에 다니는 것의 장점인 더 높은 소득을 위한 잠재력은 획득하지 못한 채, 대학에 다니는 것의 단점인 빚만 갖게 되는 것이다. '트럼프 대학' 사건은 빙산의 일각일 뿐이다. (트럼프가 설립한 '트럼프 대학'은 정식 대학이 아닌데도 대학이라는 명칭을 사용하며 고액의 수강료를 받고 부동산 투자법을 가르쳤다. 학생들이 집단 소송을 제기했고 트럼프는 대통령 당선인 시절에 원고 측과 합의했다.) 2008년의 금융 위기에 앞서 무책임한 금융 기관들이 취약한 처지의 사람들에게 아메리칸 드림의 핵심 요소인 주택 구입용 대출 상품을 대대적으로 판매했고, 이는 취약한 계층이 훨씬 큰 피해를 입은 끔찍한 재앙으로 이어졌다. 그런데 이제는 대학 학자금에 대해 그와 비슷한 방식으로 무분별한 대출 상품이 판매되고 있다. 주택에 이어 대학 졸업장에 대해서도 서브프라임 대출 시장이 생겨나고 있는 게 아닌지 우려스럽다.

힐러리 클린턴은 대선 후보 시절 '신대학 협약'을 공약으로 제시했다. 구체적인 내용 중에는 논란거리가 되는 것들도 있었지만, 소득에 연계된 학자금 상환 제도, '고등 교육 세액 공제'(American Opportunity Tax Credit, AOTC, 대학 학위 과정 학비에 대해 주어지는 세제 혜택) 확대, 직업 교육에 대한 지원 확대 등은 전망 있는 공약으로 보였다. 그리고 이런 정책들에는 초당적인 행동의 여지도 있다.[30] 예를 들어 젭 부시(공화당 소속이다.)도 고등 교육 과정에 들어가기를 원하는 고졸자에게 연방 정부가 지원하는 5만 달러의 신용을 제공하고 상환은 향후의 소득에 전적으로 연동되게 하는 정책을 제안한 바 있다.[31]

한편 4년제 대학에 관심이 집중되는 동안, 계층의 상향 이동성을 높이는 데 상당한 잠재력을 가지고 있을 법한 커뮤니티 칼리지는 대럴 웨스트의 표현대로 "여전히 잊힌 기관" 신세다.[32] 의원들과 기자들은 4년제 대학에 집착한다. 그들이 다 대졸자들이니 그럴 만도 하다. 하지만 계층 이동성을 높이는 데서 유의미한 진전을 일구고자 한다면, 저평가된 2년제 학위 과정에도 4년제에 못지 않은 관심을 쏟아야 마땅하다.[33] 2013년 센추리 재단의 태스크 포스 팀에 참여한 한 전문가는 "2년제 대학들은 점점 더 불평등해지는 고등 교육에서 아래쪽으로 분리되고 고립되어, 학업 지도가 가장 많이 필요한 학생들을 가장 적은 자금으로 가르치도록 내몰리고 있다."라고 언급했다.[34] 커뮤니티 칼리지 등록생 절반 이상이 1년이 못 되어 중퇴한다. 또 10명 중 6명은 추가적인 학업 지도가 필요한 상태로 입학한다.[35]

2년제와 4년제 대학 사이에 경제적, 인종적, 사회적 격차가 커지는 것을 볼 때, 타이틀I 방식의 연방 정부 지원을 커뮤니티 칼리지에도 적용해 학습 역량이 부족한 학생을 가르쳐야 하는 교수들에게 지원을 확대해야 한다는 주장은 일리가 있다. 또 토머스 베일리, 새너 재거, 데이비스 젠킨스가 공저『미국의 커뮤니티 칼리지를 재정비하자』에서 주장했듯이 커뮤니티 칼리지의 복잡한 학과목과 교육 과정을 효율적으로 개편하고,[36] 학생들이 4년제로 편입할 수 있는 기회를 늘리며,[37] 커뮤니티 칼리지에 학문적인 지원을 늘리는 것도 필요하다.(현재는 대부분의 커뮤니티 칼리지에서 지도교수 한 명이 학생 800~1200명을 담당하는 형편이다.)

4년제 대학 중심으로 치우친 고등 교육에 대한 또 다른 대안으로는 직업 견습 제도가 있다. 하지만 현재 견습 제도는 찬밥 신세다. '미국의 견습 제도를 강화하고 힘차게 활성화하기 위한 법안(Leveraging and Energizing America's Apprenticeship Programs, LEAP)'은 최악의 이름이 붙은 법안 대회에 나가도 좋을 법하지만, 유의미한 정책적 시도다. 핵심 내용은 등록된 견습 제도를 운영하는 회사에 세액 공제 혜택을 주는 것이다.

고등 교육 스펙트럼의 반대쪽 끝에 대해서도 취할 수 있는 조치들이 있다. 우선 부유한 대학에 지원하는 너그러운 조세 보조를 없애는 것을 생각해 볼 수 있다. 교육 기관이 혜택을 얻을 수 있는 세제로는 사적 사업 채권 이자에 대한 소득 공제(비과세 채권은 과세 채권보다 채권 금리가 낮으므로 채권을 발행하는 기관 입장에서는 더 싸게 자금 조달을 할 수 있다.) 기부금 세액 공제(대학에 내는 기부금에 대해 세액 공제를 받으므로 더 많은 기부를 유도할 수 있다.), 기금 투자 수익 등 (대학의) 일부 수입 항목에 대한 조세 감면 등이 있다.[38] (2017년 조세 개혁으로 몇몇 면세 조항이 사라졌지만 전체적인 기조는 유지되었다.)[39] 2008년에 찰스 그래스리 상원 의원(아이오와주, 공화당)이 말했듯이, "존 도는 세금을 내고, 존 디어도 세금을 내는데, 존스 홉

킨스는 세금을 안 낸다."[40]

학자금 마련용 저축 상품에 대해 불평등하게 제공되는 혜택도 다시 한 번 도마에 올려야 한다. 오바마 대통령이 529플랜 개혁안에서 허둥지둥 후퇴한 상황이므로, 많은 사람들이 이 사안을 다시 들고 나오는 것을 어려워할 것이다. 게다가 529플랜에 대한 세제 혜택은 향후 5년간 58억 달러로, 연방 정부의 지출 규모에 비하면 미미한 편이다. (연방 정부의 세제 혜택에 더해 31개 주 정부가 529플랜에 대해 소득세 감면을 해 주기 때문에 실제 비용은 이보다 크다.[41]) 하지만 그림 7. 1이 보여 주듯이 529플랜 계좌를 가지고 있는 사람은 대체로 부유한 이들이다.

저소득층 중 529플랜 계좌를 가지고 있는 소수의 사람들은 여기에 약간의 돈을 불입해 약간의 이자 소득을 얻는다. 그리고 일반적으로 부부 합산 소득이 7만 5000달러 이하이면 529플랜에 대한 혜택이 없더라도 어차피 자본 이득에 대해 세금을 내지 않는다. 오바마의 개혁안은 부시 행정부 시절에 도입된 이 역진적인 세금 제도를 없애고 그 대신 부분적으로 환급 가능한 고등 교육 세액 공제를 확대하려는 것이었다. 고등 교육 세액 공제 제도에서는 부부 합산 소득이 16만 달러가 넘으면 혜택이 줄어들고 18만 달러 이상이면 혜택 대상에서 제외된다.[42] 참으로 마땅한 일이 아닌가? 우리는 희소한 정부 자금을 부유한 부모가 자기 자녀의 대학 보내기를 돕는 데 쓸 게 아니라 대학 교육의 장벽을 치우는 데 써야 한다.

말할 필요도 없이, 우리가 할 수 있는 일은 훨씬 더 많다. 예

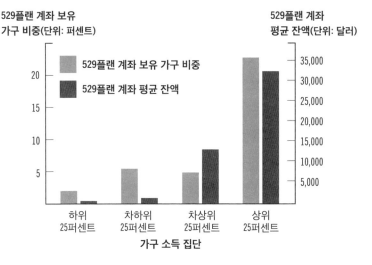

―――― 그림 7.1 대학 학자금 마련 저축 상품: 중상류층을 위한 특전

출처: Department of the Treasury, "An Analysis of Section 529 College
Savings and Prepaid Tuition Plans," September 9, 2009, table 7.

를 들면 오바마 대통령은 저소득층 학생들을 더 많이 졸업시키는
고등학교에 금전적인 '보너스'를 주자고 제안했다. ('저소득층'은 가
구 소득이 펠 그랜트 장학금 지원 요건에 해당되는 경우를 의미한다. 펠 그랜
트는 저소득층 자녀에게 지원하는 연방 정부의 대학 장학금 제도다.) 테네
시주 등 몇몇 주에서는 이미 그렇게 하고 있다.[43] 좋은 시도다. 중
요한 것은 이러한 보너스가 실질적인 인센티브가 될 수 있도록 규
모를 충분히 키우는 것이다.

지금까지 인적 자본 개발에서 간극을 줄일 수 있는 네 가지
조치를 이야기했다. 이것들은 시장이 보상하는 '능력'의 생산을 평

등하게 만들기 위한 조치들이다. 아래에서는 기회 사재기 논의로 넘어가서, 공정하고 열린 경쟁을 가로막는 세 가지의 주요 장벽을 줄이는 조치들을 알아보자.

배타적인 토지 용도 규제를 없애자

중세 시절부터 복잡하게 발달해 온 유럽 도시들에서는 오래전부터 토지 사용이 정치적인 사안이었다. '토지를 소유한 신사 계급(landed gentry)'이라는 말은 토지, 부, 지위가 역사적으로 연결되어 있었음을 단적으로 보여 준다. 토지에 대한 규제, 과세, 통제는 유럽의 정치와 공공 정책에서 매우 중요한 영역이었다. 하지만 토지 가치 상승은 사적인 이익이라기보다 공공의 혜택이어야 한다는 주장으로 '토지 가치세'라는 제도를 개척한 사람은 19세기 미국의 경제학자 헨리 조지다. 조지의 아이디어는 토지가 천부적인 권리로 여겨지던 그의 나라(미국)에서는 별로 성과를 거두지 못했지만, 유럽(그리고 싱가포르, 호주 등 유럽 식민지였던 몇몇 국가들)에서는 경제학계와 정책에 반향을 불러일으켰다.

오늘날 미국에서 생산성이 높은 도시와 지역들은 매우 붐빈다. 2007~2008년 주택 시장 붕괴와 금융 위기 이후, 주택 시장이 어떤 상황이며 어떻게 작동하고 있는지에 대해 커다란 관심이 쏟아졌다. 그렇게 주택 시장을 현미경 아래에 놓고 들여다보았더니 전혀 아름다운 모습이 아니었다. 특히 많은 도시가 주거지 개발과 관련해 부적절하고 해로운 규제를 두고 있었다. 이러한 규제들은 부의 불평등을 촉진하고 경제적 분리를 악화시키며 교육 불평등에 일조한다. 다른 계층 사람들이 우리 동네에 못 들어오도록 인위적인 장벽을 만드는 것은 기회 사재기다.

이에 대해 할 수 있는 일들에는 무엇이 있을까? 이미 연방 정부 수준에서는 2015년의 '공정 주거 적극 촉진 정책(Affirmatively Furthering Fair Housing, AFFH)'을 통해 기존의 공정 주거법을 더 적극적으로 집행하고자 하는 노력이 벌어지고 있다. 이에 따르면 주택 도시 개발부의 자금을 받는 모든 주, 지방 정부와 주택 당국은 "차별을 없애기 위해 노력해야 하며, 그에 더해 이권을 보호하는 속성을 가진 제약들 때문에 주거 접근성이 제약되지 않는 통합적 공동체를 촉진하고 주거 분리의 양상을 극복하기 위한 유의미한 행동을 취해야 한다."[44] 공정 주거 규칙을 촉진하고자 하는 사람들은 주택 도시 개발부가 위와 같은 원칙을 지키지 않는 도시에 자금 지원을 철회할 수 있다는 위협을 말로만이 아니라 실제로도 실행할 수 있기를 바란다. 하지만 이런 원칙을 지키지 않는 도시라 해도 주택 도시 개발부가 정말로 자금 지원을 철회해 도시 재정을 의도적으로 악화시키기는 어려울 것이고, 어쩌면 현재의 상태가 최선의 균형인지도 모른다. 트럼프 행정부가 공정 주거를 위한 싸움에서 후퇴할지 아닐지는 시간이 더 지나야 알 수 있을 것이다.

공정 주거 원칙이 더 강력하게 시행될 때까지, 일단 당장은 (저소득층 세입자 가구를 지원하는) 주거 바우처를 대폭 확대해 현재의 220만 가구보다 훨씬 많은 가구가 지원을 받을 수 있게 할 필요가 있다.[45] 또한 주택에 대한 조세 보조도 개혁해야 한다. 현재의 세법은 부유한 동네의 높은 집값을 방어하는 데로만 온통 집중되어 있고 부의 불평등을 촉진하는 방향으로 작동한다. (이에 대해서는 잠시 후에 더 자세히 설명할 것이다.)

이렇듯 연방 정부가 해야 할 일도 있지만, 주거 불평등을 해소하기 위한 일은 대부분 주와 도시 수준에서 이뤄져야 한다. 오리건주나 워싱턴주 등은 배타적인 토지 용도 규제를 막기 위한 몇 가지 조치들을 시도해 왔다.[46] 또 매사추세츠주 의회에는 다세대 주거지 개발을 허용하는 법안이 두 개나 올라오기도 했다.(2016년 7월 회기에서 둘 다 통과하지 못했다.[47])

과거 사례들을 보면 개혁가들은 장기전을 각오해야 할 것 같다. 2014년의 시애틀 사례를 이에 대한 좋은 경고로 삼을 수 있을 것이다.[48] 시애틀은 주거지의 3분의 2가 단독 주택 지구로 구획되어 있고 (미국의 다른 도시들도 많이 그렇듯이) 구매 가능한 가격대의 주택이 매우 부족하다. 에드 머리 시장은 이에 대한 정책적 해법을 연구하는 태스크 포스 팀을 꾸렸고 이 팀은 고층 건물 주택을 허용하는 규제 개혁을 제안했다. 그러나 이는 맹렬한 저항에 부닥쳤고 선거철이 다가오자 후보들은 이 개혁안을 비판하는 데 앞다퉈 목소리를 높였다. 2주도 못 가서 머리 시장은 공식적으로 태스크 포스 팀의 개혁안과 선을 그었다.

이것 자체는 전혀 특이한 일이 아니다. 그런데 시애틀 사례에 주목할 만한 특이점이 하나 있었다. 당시에 제시된 개혁안이 (금세 죽어 버리긴 했지만) 고밀도의 고층 건물 주택 개발이 아니라

건축가 대니얼 패롤렉이 "사라진 중간 유형(missing middle)"이라고 부른 유형의 주택 개발을 제안했다는 점이다. 사라진 중간 유형 주택이란 2세대 주택, 3세대 주택, 타운 하우스, 단층 방갈로 등을 일컫는다.

미국에서는 가구의 3분의 2가 단독 주택에 살 정도로 단독 주택이 지배적이다. 지난 30년간 신규 주택 중 인접 주택과 맞닿아 있는 형태의 주택 비중은 계속 줄어서 이제는 10퍼센트 정도에 불과하다. 패롤렉은 2, 3층 정도의 사라진 중간 유형 주택들을 허용한다면 단독 주택과도 잘 조화될 것이고 중산층 가정들이 진입할 수 있게 주택 비용에 숨통도 틔워 줄 수 있을 것이라고 본다. 기존의 중상류층 거주자들도 환경을 크게 바꿔 놓을 고층 건물 주택이 들어오는 것은 감수하지 않아도 된다. 하지만 사라진 중간 유형 주택들을 받아들일 정도의 포용력은 보여야 한다. 그렇게 되면 부유한 가구의 주거지가 분리되는 현상을 줄일 수 있을 것이고 학군도 더 다양한 사람들로 구성될 것이며 주택 부족에 시달리는 도시들에 주택 공급도 늘릴 수 있을 것이다.

이런 일들이 이뤄지려면 물론 더 용기 있는 의원들이 필요하다. 하지만 선출직 정치인은 아무리 본인이 원한다 해도 유권자들보다 더 앞서 나갈 수는 없다. 그래서 사람들의 인식 변화가 필요하다. 상대적으로 더 포용적인 토지 구획이 시행되는 곳들은 (내가 사는 메릴랜드주 몽고메리 카운티도 그중 하나다.) 부유한 거주자들이 평등주의적인 정책에 대해 상대적으로 더 열린 태도를 갖고 있는 곳들이다. 요컨대 정책 측면에서의 개혁은 사회적 규범 측면에서의 인식 변화와 함께 간다. 이에 대해 리 앤 페넬은 다음과 같이 언급했다.

> 다른 이를 배제하는 것이 사회적으로 용인되지 않는 것으로서 인식되고 나면 (그리고 배제를 미사여구로 가려도 금세 들통나서 그것 역시 맹렬히 비난받는 분위기가 되면) 배제를 일으키는 행위는 줄어들 것이다 …… 하지만 규범이 실질적인 힘을 발휘하려면 매우 널리 받아들여져야 한다. 부유층 사이에서 이러한 규범을 만들고 강화하는 리더십을 누가 발휘할 수 있을지도 분명치 않다.[49]

주거지의 분리를 줄이기 위한 합리적인 아이디어들은 이미 많이 존재한다. 사라진 중간 유형 주택의 도입을 촉진하는 정책처럼, 이 중 어떤 것들은 정치적으로 세심하게 추진하면 충분히 중상류층 유권자의 지지를 얻을 수 있을 것이다. 하지만 인식과 태도를 바꾸기 위한 운동도 필요하며, 이 운동을 이끌 사람이 중상류층에서도 나와야 한다. 그러려면 우리는 우리가 가진 특권을 더 솔직하게 인정해야 한다.

동문 자녀 우대를 없애자

미국 도시의 사회적 지형을 바꾸는 것이 복잡하고 장기적인 싸움이라면, 불평등을 줄이기 위해 비교적 간단하고 곧바로 실행할 수 있는 게 하나 있다. 대입에서 동문 자녀 우대를 없애는 것이다. 앞에서 보았듯이 이 제도에 대해 지배층의 견해는 나뉘어 있고, 이것이 꼭 정치 성향과 맞아떨어지는 것도 아니다. 예를 들어 하버드 재직 시절의 래리 서머스처럼 몇몇 저명한 민주당 인사는 동문 자녀 우대를 지지한다. 반면 조지 부시 대통령은 2004년에 "특정한 사람들에 대해 예외를 두어서는 안 된다."라고 말했다.[50] 대학에서 동문 자녀 우대가 없어져야 한다고 생각하느냐는 질문을 받자 그는 이렇게 대답했다. "그렇다고 생각한다. 나는 대입은 능력 본위여야 한다고 생각한다." (그가 실제로 동문 자녀 우대를 없애는 조치를 취하지는 않았다.)

2004년의 설문 조사 결과를 보면 미국인 4명 중 3명은 동문 자녀 우대에 반대한다.[51] 조지아 대학, 캘리포니아 주립 대학 등 이 제도를 없앤 대학들도 많다. 동문 자녀 우대가 인종 평등을 저해한다는 것이 명백해지자 2004년에는 텍사스 A&M 대학도 이 제도를 없앴다. 이 대학 총장이자 전직 국방부 장관인 로버트 게이츠는 이것이 "개인의 능력과 인성에 기초해 학생 선발이 이뤄져야 한다는 원칙의 일관성을 유지하기 위한 결정"이라고 언급했다.[52]

하지만 2016년인 지금도 주요 명문 대학과 거의 모든 사립 자유 교양 대학에 동문 자녀 우대가 남아 있다. 조지타운 대학(나도 여기에서 파트타임으로 강의를 한다.)은 과거 이 대학이 소유했던 노예의 후손이 지원할 경우 입학 사정에서 우대해 주는 조치를 취한 바 있다. 그런데 이 매우 대담하고 진보적인 조치는 동문 자녀 우대제와 메커니즘이 똑같다. 아이고, 복잡하다.

이 유서 깊은 불공정 관행을 어떻게 없앨 것인가? 우리에게는 세 가지 무기가 있다. 법, 돈, 염치. 나는 이 세 가지를 모두 시도해야 한다고 생각한다.

법학자 칼튼 라슨은 "놀라운 점은 동문 자녀 우대가 위헌적이라는 것이 아니라 그것이 아직도 별다른 사법적 도전을 받지 않은 채 지속되고 있다는 점"이라고 언급했다.[53] 라슨은 적어도 공립 대학에서만이라도 동문 자녀 우대는 수정 헌법 14조의 '평등 보호 조항'에 의거해 금지되어야 한다고 본다.

놀랍게도 아직까지 동문 자녀 우대제는 법정에서 제대로 시험대에 올라본 적이 없다. 30년 전에 뉴욕의 제인 셰릴 로젠스톡이 노스캐롤라이나 주립 대학 채플힐 캠퍼스에 불합격한 뒤, 해당 주 거주민 우대, 소수자 우대, 저소득층 우대, 운동선수 우대, 동문 자녀 우대 등 각종 우대 조치들 때문에 자신의 헌법적 권리가 침해당했다고 소송을 제기했다. 하지만 이 소송은 승산이 별로 없는 원고가 치밀한 준비도 없이 시도한 것이었다. 로젠스톡의 SAT 점수는 850점(1600점 만점 기준)으로 주 외 지원자 평균보다 많이 낮았다. 그리고 1심에서 판사는 동문 자녀 우대가 기부금과 대학 재정에 도움을 줄 수 있을 것이라고 언급했다.(이 말은 사실이 아닌 것 같긴 하지만.) 로젠스톡은 항소하지 않았다.

하지만 동문 자녀 우대제가 다시 법정의 심판을 받는다면 어떻게 될까? 제6 항소 법원 판사 보이스 마틴 주니어는 로젠스톡 사건의 1심 판결에 대해 설명하면서 그 판결에서 동문 자녀 우대를 언급한 부분은 다섯 문장에 불과하며 그나마도 "미래의 법정에 대해 구속력도 없고 설득력도 없는" 것이었다고 지적했다. 마틴은 대학들이 재정적인 필요성을 입증하지 못하면(입증할 가능성은 별로 없다.) "전통과 공동체" 운운은 "그리 설득력이 없는 주장"이라고 말했다.[54] 나도 동의한다. 게다가 그 전통이라는 게 20세기 초에 생긴 것이며 그것도 유대인을 차별하기 위해 생긴 것임을 생각하면 더욱 그렇다.

요컨대 실력 있는 지원자들이 똑똑한 변호사와 함께 동문 자녀 우대 정책을 법정에 세울 때가 무르익은 듯하다. 그러면 적어도 법적인 문제는 해결될 것이다. 그리고 어느 경우든 법적인 문제 제기는 동문 자녀 우대 관행에 대해 공공 논쟁을 촉발시킬 것이고, 이는 찬반 양측의 논리를 면밀히 검토하는 계기가 될 수 있을 것이다.

그런데 우리가 꼭 법적인 싸움을 기다리고만 있을 필요는 없다. 동문 자녀 우대를 시행하고 있는 대학이 단골로 내세우는 논리는 이 관행이 대학 재정에 도움이 된다는 것이다. 그렇다면 재정적인 인센티브를 활용해 대학들이 이 제도를 없애게 할 수도 있지 않을까? 예를 들어 동문 자녀 우대제를 둔 학교에는 연방 정부가 자금 지원을 하지 않는 것이다. 이렇게까지 할 만큼 의원들이 대담하지 못하다면, 일단 동문 자녀를 우대하는 대학들에 조세 혜택이라도 허용하지 않으면 어떨까?

법적, 재정적 조치와 함께 태도의 변화도 필요하다. 사실 개혁의 가능성은 현 시스템의 수혜자인 중상류층이 시스템에 내재

된 불공정함에 대해 스스로의 책임을 인정하고 개혁을 받아들일 것이냐에 달려 있다. 좋은 쪽으로든 나쁜 쪽으로든, 여기에는 사회적 규범이 중요한 역할을 한다.

하지만 역으로 정책이 사회적 규범을 진화시키는 촉매 역할을 할 수도 있다. 대학들이 동문 자녀 우대로 들어오는 학생들의 인종과 가구 소득 수준, 그리고 동문 자녀의 합격률과 일반 지원자의 합격률 등을 공개하도록 하는 정책은 어떨까? 이것은 내 아이디어가 아니라 고(故) 테드 케네디 상원 의원의 아이디어다. 그는 2004년 여름에 이런 기조를 담아 고등 교육법 개정안을 발의했다. 동문 자녀 우대를 없앤 텍사스 A&M 대학의 조치가 화제가 되던 때였다. 하지만 결국 케네디는 명문 대학들과 공화당 의원들의 맹렬한 반대에 부딪쳐 법안을 철회했다. 그 이래로 이 사안은 적어도 의회에서는 논의되지 않고 있다. 브루킹스 연구소의 연구자로서 나는 특정한 법안을 지지할 수 없게 되어 있다. 하지만 내가 새로운 법안을 제안할 수는 있다. '대입에서 세습 특권을 없애는 법'은 어떨까?

동문 자녀 우대를 없애면 인종에 대한 적극적 우대 조치에 해가 될 것이라고 우려하는 사람들도 있다. 적극적 우대 조치에서는 인종 등의 범주로 차별을 하지 말아야 한다는 능력 본위 원칙과 특별한 우대를 허용하지 않아야 한다는 평등의 원칙이 내재적으로 충돌한다. 하지만 동문 자녀 우대와 관련해서는 이러한 충돌이 발생하지 않는다. 동문 자녀 우대는 능력 본위에 위배되고 평등에도 위배되기 때문이다. 동문 자녀 우대는 능력 본위를

자랑스럽게 여기는 나라의 수치이며 이제 역사 속으로 사라져야
마땅하다.

인턴 기회를 개방하자

2013년에 「인턴십」이라는 영화가, 2015년에는 「인턴」이라
는 영화가 나왔다. 미국의 직장 생활에서 인턴 경험의 중요성이 커
졌음을 단적으로 보여 준다. 최근 수십 년 동안 인턴이라는 개념은
섹슈얼화되고 낭만화되고 또 정상화되었다. 학생에서 직장인으로
의 전환기에 인턴의 중요성이 커지면서 인턴 자리가 어떻게 분배
되느냐가 계층 이동성에 대해 갖는 함의도 커졌다. 포드 재단 회장
대런 워커는 "나를 포함해 많은 미국인에게 인턴은 아메리칸 드림
을 향한 길에 단단한 기반을 제공한다."라고 말했다. "모두에게 인
턴 기회를 열어 주는 것만으로도 불평등을 줄일 수 있고 기회를 넓
힐 수 있다."[55]

동문 자녀 우대제에서도 그랬듯이 불공정한 인턴 기회를 개
혁하는 데도 세 가지의 무기를 쓸 수 있다. 법, 돈, 규범.

간단하지만 중요한 법적 조치 하나는 인턴 운영도 노동 시
장의 기본적인 규칙들을 적용받게 하는 것이다. 감독과 규제를
강화해 인턴 제도의 남용을 막고, 최저 임금을 보장하며, 고용법
을 준수하게 해야 한다. 그러면 아마 무급 인턴이 줄겠지만, 어차
피 무급 인턴은 유급 인턴보다 대개 질이 더 떨어지는 일자리이므

로 그리 나쁜 일이 아닐 것이다.[56] 현재 인턴은 공정 노동 기준법 (Fair Labor Standards Act)의 보호를 잘 받지 못하고 있다.[57] 인턴 시장이 성장하는 것에 비해 법 체계나 자원은 노동법의 실행을 강제하기에 역부족이다. 노동부는 무언가를 더 해 보려 하지만 자원이 부족하다. 법무부도 도움이 되지 않는다. 2015년에 미국의 제2항소법원은 민간 기업(이 사건에서는 '폭스 서치라이트'였다.)의 경우, 인턴이 고용주보다 더 많은 이득을 얻는 한에서 고용주는 인턴을 무급으로 운영할 수 있다고 판단했다.[58] 인턴 운영에 대한 규제와 감독을 강화해야 하는 상황임을 생각하면, 이 판결은 명백히 역행적이다. 고용주가 인턴으로부터 "즉각적인 이득"을 얻어서는 안 된다고 했던 이전의 법적 기준 대신 더 완화된 새 기준을 제시한 셈이기 때문이다.

몇몇 전문가들은 무급 인턴을 아예 없애야 한다고 생각한다. 《애틀랜틱》의 데릭 톰슨은 이 사안을 상세하게 연구한 뒤 "무급 인턴은 도덕적으로 옹호가 불가능하다."라는 결론에 도달했다.[59] 톰슨의 주장은 합리적이며 매우 설득력도 있다. 무급 인턴이 없으면 사회는 더 공정해질 것이다. 하지만 무급 인턴을 아예 없애자고 하는 것은 너무 가혹하고 기업과 시민의 자유를 침해하는 측면도 있다.

그렇다면 적어도 당분간은 무급 인턴 제도가 사라지지 않을 것이다. 따라서 우리가 해야 할 일은 부유한 가정 출신이 아닌 젊은이들도 기회를 가질 수 있게 하는 것이다. 여기에는 정부가 해야 할 역할이 있다. 한 가지 아이디어는 인턴에 대해서도 장학금을 주는 것이다. 수잔 보나미치 의원이 2013년에 '성공의 기회' 법안(고등 교육법 개정안)에 이런 조치를 담고자 한 바 있다. 하지만 이것은 정치적으로 매력적인 면이 많지 않았고 결국 고등 교육 및 직업 교육 소위원회를 통과하지 못했다. 보나미치의 법안은 경제 정책 연구소가 제안한 '학생 기회 프로그램'과 유사하다. 경제 정책 연구소는 연간 5억 달러의 예산을 들여 저소득층 학생들에게 8만 개의 인턴 자리를 지원하자고 제안했다.

여기에서도 정책의 변화에는 태도의 변화가 따라와야 한다. 현재로서 미국인들은 인턴 자리를 알음알음 얻거나 제공해 주는 것에 대해 아무 문제를 느끼지 못한다. 하지만 이것은 달라질 수 있다. 사회적 규범과 제도는 고정불변이 아니다. 뉴욕 대학의 철학자 새뮤얼 셰플러가 말했듯이, "어떤 사회적 환경에서는 자녀를 위하는 부모의 바람직한 행위로 여겨지는 것이 다른 사회적 환경에서는 용납될 수 없는 특혜이자 부패로 여겨질 수 있다."[60]

이는 영국과 미국을 비교해 보면 잘 드러난다. 영국에서 더 블라지오처럼 자신의 자녀에게 인턴 자리를 주는 것은 정치적 자살 행위나 다름없다. 영국 정부의 계층 이동성 자문관 한 명이 자기 자녀를 고용한 사실이 밝혀지자 언론은 장날을 만난 듯 난리가 났다.[61] 이것이 정말로 도덕적으로 그른 일이었는지 여부는 차치하더라도, 이 사안과 관련해 미국과 영국의 사회적 규범이 매우 상이하다는 점만은 분명하다.

영국 정부에서 일하던 시절에 나는 닉 클레그 부총리를 설득해 인턴 제도가 계층 이동성에 미칠 수 있는 해악을 경고하는 연설을 하도록 했다. 그런데 오래전에 클레그 부총리의 아버지가 친구의 금융 회사에 그를 인턴으로 넣어 주었다는 사실이 드러나서 일이 복잡해졌다. 언론이 물고 늘어졌고, 젊은 시절에 인턴을 했던 십여 명의 의원도 십자포화를 맞았으며, 현재는 의원실에서 인턴을 어떻게 채용하고 있는지에 대한 취재도 이어졌다. 클레그의 명예를 위해 덧붙이자면, 그는 인턴 제도의 문제점에 대한 자신의 주장을 굽히지 않았다. 그리고 언론의 분노는 이 문제에 대해 더 큰 관심을 불러일으켰고 많은 기업과 기관과 사람들이 인턴 채용 관행을 재점검하기 시작했다. 수백 개의 주요 기관이 자발적으로 인턴 등 업무 경험 기회를 확대하고 인종, 성별뿐 아니라 계급에 대해서도 다양성을 점검하며, 대학 학위가 없는 사람에게 더 많은 기회를 주겠다고 다짐하는 사회적 규약에 서명했다.[62]

인턴 제도에 대해 규범과 규칙이 바뀌면 중상류층은 현재 누리는 기회를 어느 정도 잃게 되겠지만 이것이 그들에게 금전적인 비용을 일으키지는 않는다. 하지만 내가 제안하는 다른 개혁 조치들은 대부분 금전적으로도 비용이 든다. 현재의 재정 상황을 감안할 때, 새로운 지출을 하려면 세금을 올려야 한다. 그 돈은 누가 내야 하는가? 나는 당신이 답을 알고 있다고 생각한다.

역진적인 조세 보조 폐지로 자금을 마련하자

사람들은 자신이 번 돈을 남이 가져가는 것보다 자기가 쓰는 것을 더 좋아하기 마련이다. 조세는 필요악으로 여겨진다. 조세가 너무 많으면 노동 의욕과 저축 의욕을 꺾는다. 우리는 경제가 성장할 때 사람들 개개인이 더 번성하기를 원한다.

하지만 조세의 부담이 공정하게 분포되어야 한다는 점도 중요하다. 재정 공정성을 살펴보는 한 가지 방법은 집단별로 비교해 보는 것이다. 1979년에서 2013년 사이 하위 80퍼센트에서는 실질 가구 소득(세후)이 41퍼센트 증가했는데 상위 20퍼센트는 88퍼센트 증가했다.[63] '소득 증가율 형평성 원칙에 따라 조세를 조정해 상위 20퍼센트의 소득 증가율이 하위 80퍼센트의 소득 증가율과 같아지게 하는 정책이 있다고 가정해 보자. 그러면 2013년에 상위 20퍼센트이 얻은 추가적인 수입 중 세금으로 거둘 수 있는 돈은 1.2조 달러다.

내가 정말로 이런 규칙을 입법화하자고 주장하는 것은 아니다. 이런 정책을 밀고자 하는 정치인이 많지도 않을 것이다. 위의 사례는 경제학자들이 말하는 "매우 정형화된 가설적 상황," 또는 철학자들이 말하는 "사고 실험"이다. 내가 말하고자 하는 요지는 소득 증가율 형평성 원칙을 적용해 세금을 거두자는 게 아니라, (물론 이런 조세를 주장하는 사람들도 있다.) 우리가 공공 투자에 추가적인 자원을 쓰고자 한다면 중상류층에게 증세를 하는 것이 합리적이라는 점이다. 아직 인정할 준비는 안 되었는지 몰라도, 분명히 우리는 증세를 감당할 수 있다.

최상위 계층에 있는 사람들에게 더 많이 요구해야 한다는 것은 물론 맞는 말이다. 하지만 상위 1퍼센트에게 (아니면 상위 5퍼센트에게라도) 전부 다 부담하라고 하는 것은 말이 되지 않는다. (그리고 다시 말하자면, 최상위층에 속하는 사람은 계속 달라지는데, 들락날락하는 이들 대부분이 상위 20퍼센트에 속하는 사람들이다.) 최고 세율이 50퍼센트까지 올라간다 해도 (현재는 39.6퍼센트다.) 1년에 겨우 950억 달러를 더 거둘 수 있을 뿐이다.[64] 작은 규모라고는 할 수 없지만 이 책에서 내가 주장하는 종류의 공공 투자를 하기에는 충분하지 않다.

조세와 관련해서는 흔히 세율에 관심이 집중되곤 한다. 주머니에서 실제로 나가는 세금은 피부에 더 잘 와닿고 숫자로 표현되니 이해하기도 쉽기 때문이다. 하지만 미국 세법의 큰 문제는 매우 역진적인 조세 지출이다. 조세 지출은 세액 공제, 세금 면제, 자본 이득과 배당 소득에 대한 세율 우대 등을 일컫는다.[65] (조세 지출은 직접적인 재정 지출과 대비되는 개념으로, 걷어야 하는 세금을 감해 줌으로써 보조금을 지급하는 것과 마찬가지 효과를 낸다.) 다 합하면 이러한 조세 지출은 1조 달러에 달하고 상당 부분이 중상류층으로 들어간다. 그림 7. 2가 보여 주듯이, 가장 큰 10개 조세 혜택의 절반이 주택을 소유한 상위 20퍼센트 가구로 간다.[66]

많은 경제학자가 이것을 "거꾸로 된 조세 보조금"이라고 부른다. 부유한 사람들을 지원하도록 되어 있기 때문이다. 윌리엄 게일과 아론 크룹킨의 말대로, "현재의 항목별 공제는 비용이 많이 들고 역진적이며 목적 달성 면에서도 비효율적이다."[67]

분배 정의 문제를 차치하고 효율성만 보더라도 위와 같은 조세 보조를 환급 가능한 세액 공제로 바꾸자는 주장은 매우 일

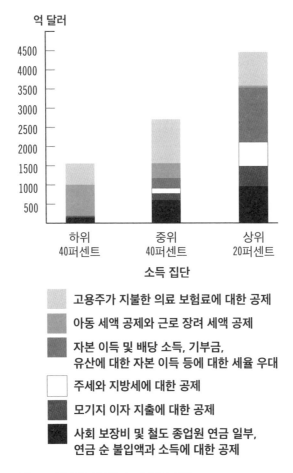

억 달러

| | 하위
40퍼센트 | 중위
40퍼센트 | 상위
20퍼센트 |

소득 집단

- 고용주가 지불한 의료 보험료에 대한 공제
- 아동 세액 공제와 근로 장려 세액 공제
- 자본 이득 및 배당 소득, 기부금,
유산에 대한 자본 이득 등에 대한 세율 우대
- 주세와 지방세에 대한 공제
- 모기지 이자 지출에 대한 공제
- 사회 보장비 및 철도 종업원 연금 일부,
연금 순 불입액과 소득에 대한 공제

―――― 그림 7. 2 엉클 샘*이 주는 조세 감면 선물

출처: Congressional Budget Office, "The Distribution of Major Tax Expenditures in the Individual Income Tax System," 2013년 5월. 소득 분위별 상위 10개 조세 지출 혜택.

*엉클 샘은 미국 정부를 일컫는 말이다.

리가 있다.[68] 이보다 온건한 접근으로는 우대 세율에 상한을 두거나,[69] 전체 조세 보조 금액 또는 소득 대비 조세 보조 비중에 상한을 두는 것이다.[70] 오바마 대통령은 모든 공제 한도를 28퍼센트 이내로 제한하자고 제안하기도 했다.[71]

모기지 이자 지출에 대한 소득 공제를 생각해 보자. 조세 혜택 대부분이 그렇듯이 이 제도도 도입 의도는 좋았다. 아메리칸 드림의 핵심 요소인 내 집 마련을 지원하려는 것이 제도의 의도였다. 금융 위기 이후에도 여전히 미국인들은 주택 소유를 중산층 생활을 특징짓는 핵심 조건으로 꼽는다. 대학 교육이나 금융 투자보다 더 그렇다.[72] 하지만 이 정책 목표에 비추어 보면 모기지 이자 지출에 세금 혜택을 주는 것은 소용이 없다. 게일과 크룹킨은 이 제도가 "자가 주택 소유율을 높이는 데 기여하지는 않는 것으로 보이며, 그런데도 매년 700억 달러의 비용을 발생시킨다."라고 언급했다. 하위 20퍼센트가 이 제도로 1달러 혜택을 볼 때마다 상위 20퍼센트는 100달러 혜택을 본다.[73] 주택 소유의 패턴과 주택 가격 불평등의 심화를 고려하면, 사실상 이것은 연방 정부가 중상류층에게 현금을 선물하는 것과 마찬가지다.

부와 자본의 불평등은 소득 불평등보다 빠르게 증가하며, 조세 혜택은 부와 자본 쪽으로 심지어 더 치우쳐 있다. 자본 이득과 배당 소득을 우대하는 조세는 당연히 부유한 사람들에게 더 유리하다. 몇몇 세법 조항은 너무나 불공정해서 우스꽝스러울 정도다. 이른바 '스텝업 조항(step-up provision, 상속인 사망 시점의 자산 가액 상향 조정)'은 사망자가 물려주게 될 자산의 자본 이득에 대해 세금을 물리지 않는다.[74] (아버지가 주당 2달러에 구매했고 사망 시점에 주당 15달러가 된 주식을 아들에게 물려주는 경우, 아들은 이후에 자본 이득을 계산할 때 주당 15달러를 기준가액으로 삼게 되어 아버지에게 발생한 자본 이득인 주당 2달러와 15달러의 차액에 대해서는 과세가 되지 않는다.) 유산세를 상속세로 바꾸고 현재 자산 가치 545만 달러 이상에만 적용되는 기준을 없애 모든 상속에 적용해야 한다.[75] 또 자본 이득에 대한 세금을 올려야 한다. 이런 것들은 자본과 부에 대한 조세 제도 중 바꿀 수 있고 반드시 바꿔야 하는 것들이다.

많은 이들이 세금을 올리면 경제 성장에 해를 끼칠까 봐 두려워한다. 하지만 대체로 이것은 그냥 두려움일 뿐이다. 어떤 정치인들은 낮은 세금이 성장을 촉진한다고 믿으면서 "경제 성장 및 조세 감면 조정법"(2001)이라든가 "일자리와 성장 및 조세 감면 조정법"(2003) 같은 이름의 법안을 내놓는다. 하지만 법안에 '성장'이라는 말을 붙인다고 해서 정말로 성장이 이뤄지는 것은 아니다. 경제 전문가 중에서 부시 행정부 시절의 조세 감면이 경제를 활성화시켰다고 보는 사람은 거의 없다.

조세 개혁에 대한 상세한 내용을 기대하며 이 책을 읽지는 않으셨으리라 생각한다. 조세 개혁에 대해서는 훌륭한 저술이 많이 나와 있다. (나의 동료인 윌리엄 게일의 근간 『재정 치료 요법』도 그중 하나다.) 내가 이 장에서 목표로 하는 것은 중상류층을 가난으로 떨어뜨리지 않으면서도 그들에게서 세금을 더 거두는 것이 충분히 가능한 일임을 보여 주는 것이다.

하지만 조세 개혁은 다이어트와 같아서 말은 쉽지만 실천은 어렵다. 모든 이가 더 간소한 조세 제도를 원한다고 말하지만, 기존에 자신이 누렸던 세제 혜택은 유지하고 싶어 한다. 또 부유한 사람들에게 세금을 걷자는 의견에는 다들 찬성하지만, 아무도 자신이 부유하다고는 생각하지 않는다. 연간 10만 달러 이상을 버는 사람 중 절반은 연 소득이 50만 달러는 되어야 부유층이라고 생각한다.[76]

프린스턴의 경제학자 앵거스 디턴은 "지난 30년간 불평등이 끔찍하게 증가해 왔다."라며 앞으로에 대해 다음과 같이 비관적인 견해를 제기했다. "잘사는 사람들은 자신이 가진 것을 지키기 위해 결집할 것이고 이들이 사용할 수단에는 다수의 인구를 희생해서 자신의 이득을 챙기는 것들도 포함될 것이다."[77]

디턴의 말이 옳다면 게임은 끝난 것이다. 미국은 더 불평등하고 더 경직된 사회가 되고 말 것이다. 하지만 나는 우리 중상류층이 조금 더 고밀도의 주택단지를 짓도록 택지 규제를 완화하기 위해 우리의 집값에 약간의 피해가 오는 것을 기꺼이 감수하기를 바라며 그러리라고 믿는다. 나는 우리 중상류층이 자녀가 다니는 학교가 동질적인 학생들로만 배타적으로 구성되는 것을 기꺼이 포기하기를 바라며 그러리라고 믿는다. 나는 우리 중상류층이 자녀가 명문 대학에 갈 기회가 줄어들더라도 동문 자녀 우대를 없애는 데 기꺼이 동의하기를 바라며 그러리라고 믿는다. 나는 우리 중상류층이 자신의 자녀가 대학생에서 직장인으로 취업하는 것이 덜 수월해지더라도 노동 시장에서 인턴 제도를 더 평등하게 만드는 데 기꺼이 동의하기를 바라며 그러리라고 믿는다. 나는 우리 중상류층이 자신의 자녀보다 운이 좋지 못한 아이들이 더 많은 기회를 가질 수 있도록 세금을 더 내는 것에 기꺼이 동의하기를 바라며 그러리라고 믿는다. 나는 우리가 그렇게 할 수 있는 방법을 찾을 수 있기를 바라며 그러리라고 믿는다.

8.

20퍼센트의
사람들에게 고함

다수 대중이 분투하는 동안 중상류층은 번영했다.
이 사실을 인식하는 것은 진정한 변화를 가능케 할
정치 환경을 만드는 데 꼭 필요한 단계다.

이 책에 나온 주제를 가지고 친구, 동료들과 이야기를 해 보니 우리 중상류층이 불평등 문제의 원인 중 일부임을 스스로 인정하기가 매우 어렵다는 사실을 알 수 있었다. 하지만 일단 인정하면 우리는 해결책의 일부가 될 수 있다.

하나의 계급으로서 우리는 매우 강력한 집단이다. 우리는 매우 성실히 투표하는 유권자다. 투표율이 80퍼센트에 육박한다.[1] 투표소 밖에서도 영향력이 크다. 버트런드 러셀에 따르면 가장 강력한 권력은 "여론 권력"이다.[2] 우리도 이 점을 잘 알고 있다. 영향력을 미치는 모든 지위는 상당 부분 중상류층이 차지하고 있다. 기자, 학자, 연구, 과학, 광고, 여론 조사, 출판, 미디어(옛 미디어와 새 미디어 모두), 예술 등은 그 속성상 중상류층이 압도적 다수를 차지하기 좋은 영역이다.

그런데 중상류층은 자신의 막대한 권력을 공정성이나 형평성에 대한 고려 없이 자신의 지위와 자리를 지키기 위해 활용하는 경향이 있다. 우리의 지위가 전적으로 자신의 능력에 따른 것이라고 확신하면서 우리는 이기적이 되었다. 이웃이나 동료를 대하는 태도가 이기적이라는 말이 아니라 더 큰 그림에서 이기적이라는 뜻이다. 우리는 우리에게 주어지는 조세 혜택을 당연한 특권인 듯이 받아들이고 우리의 목적을 위해 다른 이들의 기회를 차단하는 식으로 이기적이다.

오바마 대통령의 529플랜 개혁안에 그토록 맹렬하게 반대가 일었던 것은 중상류층이 얼마나 교육에 집착하는지 보여 주었지만 중상류층에게 또 다른 종류의 교육이 필요하다는 것도 보여 주었다. 우리가 차지하고 있는 경제적 위치에 대한 교육 말이다. 우리는 우리 자신의 특권을 점검해 보아야 한다.

찰스 머리는 『분열되다』에서 "시민 의식의 위대한 각성"을 통해 "새로운 상류층"이 "자신의 삶의 방식을 면밀히 뜯어보고 …… 변화의 방법을 생각해야 한다."라고 주장했다. 하지만 도덕적인 미덕에 대해 설교하고 상류층의 소비를 비판한 것을 제외하면, 정작 찰스 머리가 원하는 변화가 무엇인지는 분명하지 않다. 게다가 머리는 "나는 그들이 이기심을 희생해야 한다고 제안하는 것은 아니다."라고 말하기도 했다.[3]

나는 우리가 이기심을 약간 희생해야 한다고 생각한다.

로버트 퍼트넘은 부유한 부모들이 그들 자체로는 아무것도 잘못하지 않았다고 주장한다. 그들은 단지 열심히 일하고 아이들을 위해 최선을 다할 뿐이라고 말이다. (퍼트넘은 다른 사람들을 돕기 위한 공공 정책을 지지하지 않는 것에 대해 부유한 사람들을 비난하기는 한다.) 그는 저서 『우리 아이들』에서 "이 책은 상류층을 악마화하는 책이 아니다."라고 강조했다.[4] 중상류층은 비난받을 만하지 않다는 것이다.

하지만 나는 우리가 비난받아야 한다고 생각한다. 적어도 약간은 말이다.

퍼트넘과 머리가 왜 그렇게 우리에게 너그러운지 알기는 어렵지 않다. 우리는 그들의 책을 읽을 독자들이고 몇몇 부분에서는 그들의 생각에 따라 행동할 사람들이다. 변화를 위한 정치적 연대를 이루려면 중상류층처럼 강력한 유권자 집단을 공격 대상으로 삼는 것은 현명한 일이 아니다. 더 작거나 더 먼 집단을 공격하는 것이 더 유리하다. 그래서 보수주의자들은, 문제는 가난한 사람이나 이민자라며 우리를 안심시킨다. 진보주의자들은, 슈퍼 리치가 미국을 좌지우지하는 게 문제라고 말한다. 이런 논의 구도에서는 우리의 정치 성향이 어느 쪽이든 우리(중상류층)는 스스로를 착한 사람이라고 생각할 수 있다.

하지만 이렇게 안심시키는 전략은 한계에 봉착했다. 그렇다고 중상류층의 생활이 교란될지 모른다는 강박적인 두려움을 갖게 되면 우리는 우리에게 제기되는 (고통스러울지라도 꼭 필요한) 비판에 눈을 감게 된다. 다수 대중이 분투하는 동안 중상류층은 번영했다. 이 사실을 인식하는 것은 진정한 변화를 가능케 할 정치 환경을 만드는 데 꼭 필요한 단계다.

　　미국에 오면서 나는 내가 미국 시민권을 되도록 빨리 신청하게 되리라는 데에 아무 의심이 없었다. 나는 터무니없을 정도로 내 미국 여권을 자랑스러워한다. 하지만 그 이유를 알기까지는 시간이 좀 걸렸다. (아내가 미국인이라는 것을 존중한다는 의미 정도를 제외하면) 내가 영국인에서 미국인이 되는 것이 실질적으로 더 이득을 주는 점은 없었으니 말이다.

　　하지만 곧 나는 나를 진정으로 끌어당긴 것이 무엇인지 깨달았다. 미국이 내게 언제나 매력적이었던 이유는 개방성과 평등에 대한 약속이었다. 나는 영국에 팽배한 상류 계급의 우월 의식과 계급 구분을 늘 싫어했다. 그런데 미국에 와서 나의 새 조국을 더 잘 알게 될수록 여기에서도 계급이 고착되고 있다는 것이 분명히 드러났다. 특히 계급 사다리의 위쪽은 영국보다도 경직성이 심했다. 오늘날 영국과 미국의 주된 차이는 미국인들이 이것을 인정하지 않으려 한다는 점이다.

　　역사학자 리처드 호프스태터에 따르면 미국에서 '진보 시대(Progressive Era. 19세기 말과 20세기 초, 사회 개혁 운동이 터져 나왔던 시기)'에 불을 지핀 것은 자기비판이었다. 그는 저서 『개혁의 시대』에서 "당시의 도덕적 비난은 다른 이들에게로만 향하지 않았고 상당한 정도로, 또 매우 중요하게, 자기 자신에게로도 향했다."라며 "진보 시대 사회 개혁 운동을 양심의 문제로 이야기한 당대 사람들은 본질을 제대로 파악한 것"이라고 언급했다.[5]

　　지금 그와 같은 성찰의 시기가 다시 필요하다. 중상류층의 양심을 깨우기 위해. 그래서 우리가 아메리칸 드림, 미국의 꿈을 사재기하는 것이 아니라 함께 나눌 수 있기 위해.

주

1장

1 U.S. Department of the Treasury, "An Analysis of Section 529 College
Savings and Prepaid Tuition Plans," Table 7, September 9, 2009.
(www.treasury.gov/resource-center/economic-policy/Documents/090920
09TreasuryReportSection529.pdf).

2 Paul Waldman, "Don't Mess with Government Giveaways to the Well-
Off," *Washington Post Plum Line*(블로그), January 28, 2015.
(www.washingtonpost.com/blogs/plum-line/wp/2015/01/28/dont-mess-
with-government-giveaways-to-the-well-off).

3 David Remnick, "Obama Reckons with a Trump Presidency," *New Yorker*,
November 18, 2016.

4 다음을 참고하라. U.S. Census Bureau, "Table HINC-05. Percent
Distribution of Households, by Selected Characteristics within Income
Quintile and Top 5 Percent in 2014."
(www.census.gov/data/tables/time-series/demo/income-poverty/cps-

hinc/hinc‑05.html).

5 다음을 참고하라. Richard Reeves, "Wealth, Inequality, and the 'Me? I'm Not Rich!' Problem," Brookings, February 27, 2015. (www.brookings.edu/research/opinions/wealth‑inequality‑and‑the‑me‑im‑not‑rich‑problem).

6 Howard Gleckman, "Obama's Failure to Kill 529 Plans May Say Less about Tax Reform than You Think," Tax Policy Center, January 30, 2015. (www.taxpolicycenter.org/taxvox/obamas‑failure‑kill‑529‑plans‑may‑say‑less‑about‑tax‑reform‑you‑think).

7 다음에서 제공한 보충 자료를 토대로 계산한 것이다. Congressional Budget Office, "The Distribution of Household Income and Federal Taxes, 2013," June 2016. (www.cbo.gov/publication/51361).

8 Adam Levine, *American Insecurity: Why Our Economic Fears Lead to Political Inaction* (Princeton University Press, 2017), p. 29.

9 Christopher Hayes, *Twilight of the Elites: America After Meritocracy* (New York: Broadway Paperbacks, 2012), p. 230.

10 다음에 인용됨. Jonathan Weisman, "Obama Relents on Proposal to End '529' College Savings Plan," *New York Times*, January 27, 2015.

11 Robert Putnam, *Our Kids: The American Dream in Crisis* (New York: Simon and Schuster, 2015), p. 39.

12 Gary Solon, "What We Didn't Know about Multigenerational Mobility," *Ethos* 14 (February 2016). (www.cscollege.gov.sg/Knowledge/Ethos/Lists/issues/Attachments/64/ETHOS_Issue14.pdf).

13 Brink Lindsey, *Human Capitalism: How Economic Growth Has Made Us Smarter — and More Unequal* (Princeton University Press, 2013), p. 29.

14 Anthony Carnevale. 다음에 인용됨. Karin Fischer, "Engine of Inequality," *Chronicle of Higher Education*, January 17, 2016. (studentsuccess.unc.edu/files/2016/01/Engine‑of‑Inequality‑The‑Chronicle‑of‑Higher‑Education.pdf).

15 Florencia Torche, "Education and the Intergenerational Transmission of Advantage in the US." 다음에 수록됨. *Education, Occupation, and Social*

Origin, edited by Fabrizio Bernardi and Gabriele Ballarino (Cheltenham: Elgar Publishing, 2016).

16 Michael Young, "Down with Meritocracy," *The Guardian*, June 28, 2001.

17 Brink Lindsey and Steven Teles, *The Captured Economy: How the Powerful Become Richer, Slow Down Growth, and Increase Inequality* (Oxford: Oxford University Press, 2017).

18 Reihan Salam, "Should We Care about Relative Mobility?" *National Review The Agenda*(블로그), November 29, 2011. (www.nationalreview.com/agenda/284379/should-we-care-about-relative-mobility-reihan-salam).

19 James Truslow Adams, *The Epic of America* (Boston: Little, Brown, and Co., 1931), p. 405.

2장

1 Alexis de Tocqueville, *Democracy in America*, trans. Arthur Goldhammer (New York: The Library of America, 2004), p. 53.

2 David Cannadine, *The Rise and Fall of Class in Britain* (Columbia University Press, 2000), p. 190.

3 Werner Sombart, *Why Is There No Socialism in the United States?* (1906; repr., London: The MacMillan Press, 1976), p. 110.

4 Richard Reeves, "The Dangerous Separation of the American Upper Middle Class," Brookings, September 3, 2015. (www.brookings.edu/blogs/social-mobility-memos/posts/2015/09/03-separation-upper-middle-class-reeves).

5 Robert Putnam, *Our Kids: The American Dream in Crisis* (New York: Simon and Schuster, 2015), p. 45.

6 Richard Reeves and Edward Rodrigue, "Five Bleak Facts on Black Opportunity," *Social Mobility Memos*(블로그), January 15, 2015. (www.brookings.edu/blog/social-mobility-memos/2015/01/15/five-bleak-facts-on-black-opportunity/).

7 Richard Reeves and Isabel Sawhill, "Men's Lib!" *New York Times*, November 14, 2015.

8   W. E. B. Du Bois, *The Souls of Black Folk* (Chicago: A. C. McClurg & Co., 1903), p. 8.

9   U.S. Census Bureau, "Income and Poverty in the United States: 2014," September 2015.
     (www.census.gov/content/dam/Census/library/publications/2015/demo/p60-252.pdf).

10   U.S. Census Bureau, "Percent Distribution of Households, by Selected Characteristics Within Income Quintile and Top 5 Percent in 2014," Table HINC-05.
     (www.census.gov/data/tables/time-series/demo/income-poverty/cps-hinc/hinc-05.html).

11   William Gale, Melissa Kearney, and Peter Orszag, "Would a Significant Increase in the Top Income Tax Rate Substantially Alter Income Inequality?" Brookings, September 2015.
     (www.brookings.edu/wp-content/uploads/2016/06/would-top-income-tax-alter-income-inequality.pdf).

12   Pablo Mitnik, Erin Cumberworth, and David Grusky, "Social Mobility in a High-Inequality Regime," *The Annals of the American Academy of Political and Social Sciences* 663, no. 1 (January 2016): pp. 140~184.

13   상위층의 소득 증가에 비해 훨씬 미미하긴 하지만 하위 40퍼센트와 중위 40퍼센트의 소득도 증가했다. 다음을 참고하라. Gary Burtless, "Income Growth and Income Inequality: The Facts May Surprise You," Brookings, January 6, 2014.
     (www.brookings.edu/opinions/income-growth-and-income-inequality-the-facts-may-surprise-you/).

14   다음에서 제공된 보충 자료. Congressional Budget Office (CBO), "The Distribution of Household Income and Federal Taxes, 2013," publication 51361, June 8, 2016.
     (www.cbo.gov/publication/51361).

15   다음을 참고하라. Mark Rank, Thomas Hirschl, and Kirk Foster, *Chasing the American Dream* (Oxford University Press, 2014).

16   Edward Wolff, "Household Wealth Trends in the United States, 1962-

2013: What Happened over the Great Recession?" Working Paper 20733 (Cambridge, Mass.: National Bureau of Economic Research, December 2014).

17 다음을 참고하라. Marina Vornovitsky, Alfred Gottschalck, and Adam Smith, "Distribution of Household Wealth in the U.S.: 2000 to 2011," U.S. Census Bureau. (www.census.gov/people/wealth/files/Wealth%20distribution%202000%20 to%202011.pdf).

18 Richard Reeves, "Wealth Inequality is Very Hard to Measure," Real Clear Markets, February 5, 2015. (www.realclearmarkets.com/articles/2015/02/05/the_wealth_gap_is _the_ very_rich_and_everyone_else.html).

19 Wolff, "Household Wealth Trends."

20 CBO, "The Distribution of Household Income and Federal Taxes, 2013," June 2016.

21 Florencia Torche, "Education and the Intergenerational Transmission of Advantage in the US." 다음에 수록됨. *Education, Occupation and Social Origin: A Comparative Analysis of the Transmission of Socio-Economic Inequalities*, edited by Fabrizio Bernardi and Gabrielle Ballarino (Cheltenham: Edward Elgar Publishing, 2016).

22 Richard Reeves, "How to Save Marriage in America," *The Atlantic*, February 13, 2014.

23 Eleanor Krause, Isabel V. Sawhill, and Richard V. Reeves, "The Most Educated Women Are the Most Likely to be Married," *Social Mobility Memos*(블로그), August 19, 2016. (www.brookings.edu/blog/social-mobility-memos/2016/08/19/the- most-educated-women-are-the-most-likely-to-be-married/).

24 다음 자료를 토대로 내가 계산한 것이다. Current Population Survey data.

25 Isabel Sawhill, *Generation Unbound: Drifting into Sex and Parenthood without Marriage* (Brookings Institution Press, 2014), p. 76.

26 Michael Young, *The Rise of the Meritocracy* (1958; repr., New Brunswick: Transaction Publishers, 1994), p. 20.

27 Susan Patton, "Letter to the Editor: Advice for the Young Women of Princeton: The Daughters I Never Had," *The Daily Princetonian*, March 28, 2013.

28 Wendy Wang, "Record Share of Wives are More Educated than Their Husbands," Pew Research Center Fact Tank, February 12, 2014. (www.pewresearch.org/fact-tank/2014/02/12/record-share-of-wives-are-more-educated-than-their-husbands/).

29 Gary Burtless, "Globalization and Income Polarization in Rich Countries," Brookings, April 1, 2007. (www.brookings.edu/research/globalization-and-income-polarization-in-rich-countries/).

30 다음에 인용됨. Richard V. Reeves, "Saving Horatio Alger: Equality, Opportunity, and the American Dream," Brookings, August 20, 2014. (csweb.brookings.edu/content/research/essays/2014/saving-horatio-alger.html).

31 Jonathan Rothwell and Douglas Massey, "Density Zoning and Class Segregation in U.S. Metropolitan Areas," *Social Science Quarterly* 91, no. 5 (April 2010): pp. 1123~1143.

32 Elizabeth Kneebone and Natalie Holmes, "U.S. Concentrated Poverty in the Wake of the Great Recession," Brookings, March 31, 2016. (www.brookings.edu/research/u-s-concentrated-poverty-in-the-wake-of-the-great-recession/).

33 Sean Reardon and Kendra Bischoff, "The Continuing Increase in Income Segregation, 2007-2012," Stanford Center for Education Policy Analysis, March 2016. (cepa.stanford.edu/sites/default/files/the%20continuing%20increase%20in%20income%20segregation%20march2016.pdf). 다음도 참고하라. Ann Owens, Sean Reardon, and Christopher Jencks, "Income Segregation between Schools and School Districts," *American Educational Research Journal* 53, no. 1 (August 2016), pp. 1159-1197. 이 논문에 따르면, 교육 구별 자료를 사용해 추산한 결과, "1990~2008년 사이, 취학 연령대 자녀가 있는 가구 중 부유한 가구가 그렇지 않은 가구들로부터 거주지가 분리

되는 경향이 가난한 가구가 그렇지 않은 가구들로부터 분리되는 경향보다
심했다."

34 Rolf Pendall and Carl Hedman, *Worlds Apart: Inequality between America's Most and Least Affluent Neighborhoods*, report (Washington: Urban Institute, July 2015).
(www.urban.org/research/publication/worlds-apart-inequality-between-americas-most-and-least-affluent-neighborhoods/view/full_report).

35 "Minding the Nurture Gap," *The Economist*, March 21, 2015.
(www.economist.com/books-and-arts/20154/03/19 minding-the-nurture-gap).

36 1980년과 2014년 3월의 상시 인구 조사(Current Population Survey, 미 통계청이 매월 6만 가구의 표본을 추출해 조사함.) 자료를 토대로 내가 계산한 것이다. 자료는 마이크로 데이터 제공 시스템인 IPUMS(Integrated Public Use Microdata Series)를 통해 확보했다.

37 Gary Becker, "Human Capital and Intergeneration Mobility."
(www.youtube.com/watch?v=QajILZ3S2RE).

38 비만율은 질병 통제 예방 센터(CDC) 기준을 따랐다. 성인 소득은 38~42세 사이의 인구가 보고한 가구 평균 소득이다.

39 이 수치는 다소 부정확하다. 운동과 흡연에 대한 자료를 제공한 DDB 니덤 라이프 스타일 서베이(DDB Needham Lifestyle Survey)가 운동과 흡연을 소득 수준에 따라서는 구분했지만 5분위별로는 자료를 제공하지 않았기 때문이다. 비만율은 통계청의 1979년 전국 청소년 추적 조사 연구 (National Longitudinal Survey of Youth, 1979) 데이터로 소득 백분위별 수치를 계산할 수 있다.

40 Barry Bosworth, Gary Burtless, and Kan Zhang, "What Growing Life Expectancy Gaps Mean for the Promise of Social Security," Brookings, February 12, 2016.
(www.brookings.edu/research/what-growing-life-expectancy-gaps-mean-for-the-promise-of-social-security/).

41 Janet Currie and Hannes Schwandt, "Mortality Inequality: The Good News from a County-Level Approach," *Journal of Economic Perspectives* 30, no. 2 (Spring 2016): pp. 29~52.

42   Charles Tilly, *Durable Inequality* (University of California Press, 1998), p. 34.

3장

1   Adam Swift, "Justice, Luck, and the Family: The Intergenerational Transmission of Economic Advantage from a Normative Perspective." 다음에 수록됨. *Unequal Chances: Family Background and Economic Success*, edited by Samuel Bowles, Herbert Gintis, and Melissa Osborne Groves (Prince ton University Press, 2005), p. 267.

2   Thomas Piketty, *Capital in the Twenty-First Century* (Harvard University Press, 2014), p. 419.

3   William Mosher, Jo Jones, and Joyce Abma, *Intended and Unintended Births in the United States: 1982-2010*, National Health Statistics Report 55 (Hyattsville, Md.: National Center for Health Statistics, July 24, 2012).
(www.cdc.gov/nchs/data/nhsr/nhsr055.pdf).

4   CDC가 제공하는 가족 성장 국가 조사(National Survey of Family Growth, NSFG, 2011-13) 자료를 토대로 내가 계산한 것이다.

5   다음을 참고하라. Kathryn Edin and Maria Kefalas, *Promises I Can Keep: Why Poor Women Put Motherhood before Marriage, With a New Preface* (University of California Press, 2011).

6   Melissa Kearney and Phillip Levine, "Why is the Teen Birth Rate So High in the United States and Why Does it Matter?" *Journal of Economic Perspectives* 26, no. 2 (Spring 2012): pp. 141~163.

7   다음을 참고하라. National Conference of State Legislatures, "Unplanned Pregnancy and Future Opportunities," June 2016.
(comm.ncsl.org/productfiles/83101900/NCSLBrief_UnplannedPregnancy.pdf).

8   Robert Putnam, *Our Kids: The American Dream in Crisis* (New York: Simon and Schuster, 2015), p. 29, 55.

9   Centers for Disease Control, "Current Cigarette Smoking Among U.S. Adults Aged 18 Years and Older."

(www.cdc.gov/tobacco/campaign/tips/resources/data/cigarette-smoking-in-united-states.html).

10 NSFG(2011-13) 데이터를 이용해 내가 계산한 것이다. 이 데이터가 코딩 되어 있는 바로는 상위 3분의 1을 더 세부적으로 구분할 수 없었다.

11 나중에 아이의 실제 이름은 멜리사가 아니라 다른 것으로 지어졌다.

12 Meredith Phillips, "Parenting, Time Use, and Disparities in Academic Outcomes." 다음에 수록됨. *Whither Opportunity? Rising Inequality, Schools, and Children's Life Chances*, edited by Greg Duncan and Richard Murname (New York: Russell Sage, 2011).

13 Ariel Kalil, Rebecca Ryan, and Michael Corey, "Diverging Destinies: Maternal Education and the Developmental Gradient in Time with Children," *Demography* 49, no. 4 (November 2012): pp. 1361~1383.

14 Sean Reardon and Ximena Portilla, "Recent Trends in Income, Racial, and Ethnic School Readiness Gaps at Kindergarten Entry," *AERA Open* (July-September 2016), p.12.

15 Betty Hart and Todd Risley, *Meaningful Differences in the Everyday Experience of Young American Children* (Baltimore: Brookes Publishing, 1995).

16 Margaret Talbot, "The Talking Cure," *The New Yorker*, January 12, 2015.

17 Greg Duncan and Richard Murnane, eds., *Whither Opportunity?: Rising Inequality, Schools, and Children's Life Chances* (New York: Russell Sage, 2011).

18 Sabino Kornrich, "Inequalities in Parental Spending on Young Children," *AERA Open*, June 2016. 다음도 참고하라. Sabino Kornrich and Anna Lunn, "Necessary Reductions or Increased Support? Parental Investments in Children during the Great Recession," recession brief for Recession Trends (New York: Russell Sage Foundation and Center on Poverty and Inequality, 2014).

19 Richard Reeves, Isabel Sawhill, and Kimberly Howard, "The Parenting Gap," *Democracy Journal* 30 (Fall 2013).

20 Bryan Caplan, "Why I'm Homeschooling," *Econlog*(블로그), September 22, 2015. (이에 대해 캐플런은 "육아가 자녀의 장래 학력이나 소득에 미치는

주장은 과대평가되었지만, 그래도 여전히 부모는 아이가 즐거워하고 좋아하는 방식으로 교육을 시킬 수는 있다"고 해명했다.)
(http://econlog.econlib.org/archives/2015/09/why_im_homescho.html).

21 Frank Furstenberg, "The Challenges of Finding Causal Links between Family Characteristics and Educational Outcomes," Working Paper. (www.dondena.unibocconi.it/wps/allegatiCTP/091130_Furstenberg%20%5B2009%5D.pdf).

22 Jane Waldfogel and Elizabeth Washbrook, "Income-Related Gaps in School Readiness in the United States and United Kingdom." 다음에 수록됨. *Persistence, Privilege, and Parenting: The Comparative Study of Intergenerational Mobility*, edited by Timothy Smeeding, Robert Erikson, and Markus Jantti (New York: Russell Sage Foundation, 2011).

23 Jane Leber Herr, "The Labor Supply Effects of Delayed First Birth," Working Paper (Cambridge, Mass.: Harvard University Department of Economics Littauer Center, December 2014). (www.aeaweb.org/aea/2015conference/program/retrieve.php?pdfiid=1030).

24 Garey Ramey and Valerie Ramey, "The Rug Rat Race," *Brookings Papers on Economic Activity* (Spring 2010): pp. 129~199.

25 2010~2011 학년도 유치원 연령대 대상 유아기 추적 조사 연구(Early Childhood Longitudinal Study, Kindergarten Class of 2010-11, ECLS-K:2011) 데이터를 토대로 엘런 클라인이 계산한 것이다.

26 2004년 고등학교 졸업반 학생들에 대한 것으로, 국가 교육 통계 센터(National Center for Education Statistics)가 제공하는 2002년 교육 장기 추적 조사(Educational Longitudinal Study of 2002)의 첫 번째 후속 연구 데이터를 토대로 내가 계산한 것이다. 여기에서 사립 학교는 종교 단체가 운영하는 학교도 포함한다.

27 예를 들어 다음을 참고하라. Raj Chetty, John Friedman, and Jonah Rockoff, "Measuring the Impacts of Teachers II: Teacher Value- Added and Student Outcomes in Adulthood," *American Economic Review* 104, no. 9 (September 2014): pp. 2633~2679; and Grover Whitehurst, Matthew Chingos, and Katharine Lindquist, "Evaluating Teachers with Classroom

Observations," Brookings, May 13, 2014.

(www.brookings.edu/research/evaluating-teachers-with-classroom-observations-lessons-learned-in-four-districts/).

28 Jenny DeMonte and Robert Hanna, "Looking at the Best Teachers and Who They Teach," Center for American Progress, April 11, 2014.

(www.americanprogress.org/issues/education/report/2014/04/11/87683/looking-at-the-best-teachers-and-who-they-teach/).

29 Child Trends Databank, "Parental Involvement in Schools," September 2013.

(www.childtrends.org/?indicators=parental-involvement-in-schools).

30 Ashlyn Nelson and Beth Gazley, "The Rise of School-Supporting Nonprofits," *Education Finance and Policy* 9, no. 4 (Fall 2014): pp. 541~566.

31 Putnam, *Our Kids*, p. 168.

32 Reardon, *Whither Opportunity*, p. 104.

33 2002년 교육 장기 추적 조사(Education Longitudinal Study of 2002, ELS:2002)의 첫 번째 후속 연구 자료를 토대로 엘런 클라인이 계산한 것이다.

34 Anne Kim, "How the Internet Wrecked College Admissions," *Washington Monthly*, September/August 2016.

35 Craig Heller, "College Essay Solutions." (www.collegeessaysolutions.com/pricing).

36 Raj Chetty, John N. Friedman, Emmanuel Saez, Nicholas Turner, and Danny Yagan. Online Table 4. "Mobility Report Cards: The Role of Colleges in Intergenerational Mobility." The Equal Opportunity Project, 2017.

37 Dana Goldstein, "On College: Reflections 10 Years Later," *Popular History*(블로그), May 25, 2016

(popularhistory.tumblr.com/post/144918476295/on-college-reflections-10-years-later).

38 국가 교육 통계 센터가 제공하는 분석 도구인 파워스탯(PowerStats)을 사용해 분석했다.

39 David Leonhardt, "California's Upward-Mobility Machine," *New York Times*, September 16, 2015.

40 다음에 인용됨. Karin Fischer, "Engine of Inequality," The Chronicle of Higher Education, January 17, 2016.
(chronicle.com/article/Engine-of-Inequality/234952/?key=a5vOoUWhQ jKtBXSfrth59P5j5_1Mm30Nud_l0M8bL11QRXBBWG5nelhQd0x5Wm tCY2xuekE5SGloZTVsSzlDZEFnTzJKM0JnYTRJ).

41 Caroline Hoxby, "The Changing Selectivity of American Colleges," *Journal of Economic Perspectives* 23, no. 4 (Fall 2009): p. 116.

42 Edward Rodrigue and Richard Reeves, "Horatio Alger Goes to Washington: Representation and Social Mobility," Brookings, October 2, 2014.
(www.brookings.edu/blogs/social-mobility-memos/posts/2014/10/02-horatio-alger-representation-social-mobility-reeves).

43 Florencia Torche, "Education and the Intergenerational Transmission of Advantage in the US." 다음에 수록됨. *Education, Occupation and Social Origin: A Comparative Analysis of the Transmission of Socio-Economic Inequalities*, edited by Fabrizio Bernardi and Gabrielle Ballarino (Cheltenham: Edward Elgar Publishing, 2016).

44 다음에 인용됨. Fischer, "Engine of Inequality."

45 Jo Blanden, Paul Gregg, and Stephen Machin, "Social Mobility in Britain: Low and Falling," CentrePiece (Spring 2005): pp. 18~20.
(cep.lse.ac.uk/centrepiece/v10i1/blanden.pdf).

4장

1 Barack Obama, 2013 Inaugural Address, The White House, January 21, 2013.
(www.whitehouse.gov/the-press-office/2013/01/21/inaugural-address-president-barack-obama).

2 Thomas Jefferson to John Adams, 28 October 1813.
(press-pubs.uchicago.edu/founders/documents/v1ch15s61.html).

3 Raj Chetty et al., "The Fading American Dream: Trends in Absolute

Income Mobility Since 1940," Working Paper 22910 (Cambridge, Mass.: National Bureau of Economic Research, December 2016). (www.nber.org/papers/w22910.pdf).

4   이전의 연구들은 다음을 참고하라. Gregory Acs, Diana Elliott, and Emma Kalish, "What Would Substantially Increased Mobility from Poverty Look Like?" Urban Institute Working Paper, July 2016. (www.urban.org/sites/default/files/alfresco/publication-pdfs/2000871-What-Would-Substantially-Increased-Mobility-from-Poverty-Look-Like.pdf), Susan Urahn, Erin Currier, Diana Elliott, Lauren Wechsler, Denise Wilson, and Daniel Colbert, "Pursuing the American Dream: Economic Mobility Across Generations," Pew Charitable Trusts, July 2012. (www.pewtrusts.org/~/media/legacy/uploadedfiles/wwwpewtrustsorg/reports/economic_mobility/pursuingamericandreampdf.pdf).

5   Florencia Torche, "Education and the Intergenerational Transmission of Advantage in the US." 다음에 수록됨. *Education, Occupation and Social Origin: A Comparative Analysis of the Transmission of Socio-Economic Inequalities*, edited by Fabrizio Bernardi and Gabrielle Ballarino (Cheltenham: Edward Elgar Publishing, 2016).

6   Pablo Mitnik, Victoria Bryant, Michael Weber, and David Grusky, "New Estimates of Intergenerational Mobility Using Administrative Data," Working Paper, July 8, 2015 (www.irs.gov/pub/irs-soi/15rpintergenmobility.pdf).

7   Fabian Pfeffer and Alexandra Killewald, "How Rigid is the Wealth Structure and Why? A Life-Course Perspective on Intergenerational Correlations in Wealth," Working Paper, July 2016. (http://fabianpfeffer.com/wp-content/uploads/PfefferKillewald2016.pdf).

8   David Autor, "Skills, Education, and the Rise of Earnings Inequality Among the 'Other 99 Percent,'" *Science* 344, no. 6186 (May 23, 2014): pp. 843~851.

9   다음을 참고하라. Peffer and Killewald, "How Rigid is the Wealth Structure."

10 Barack Obama, "Remarks by the President on Economic Mobility," The White House, December 4, 2013 (www.whitehouse.gov/the-press-office/2013/12/04/remarks-president-economic-mobility).

11 다음에 인용됨. Alana Semuels, "Ryan Lays out Romney Vision for the Poor in Cleveland Speech," *Los Angeles Times*, October 24, 2012.

12 Raj Chetty, Nathaniel Hendren, Patrick Kline, Emmanuel Saez, and Nicholas Turner, "Is the United States Still a Land of Opportunity? Recent Trends in Intergenerational Mobility," *American Economic Review: Papers & Proceedings* 104, no. 5 (May 2014): pp. 141~147. 다음의 연구 도 전반적인 이동성 수준이 안정적이라는 결론을 내렸다. Tom Hertz, "Trends in the Intergenerational Elasticity of Family Income in the United States," *Industrial Relations* 46, no. 1 (January 3, 2007): pp. 22~50; Chul-In Lee and Gary Solon, "Trends in Intergenerational Income Mobility," *Review of Economics and Statistics* 91, no. 4 (November 2009): pp. 766~772.

13 예를 들어, 다음을 참고하라. Bhash Mazumder, "Is Intergenerational Economic Mobility Lower Now Than in the Past?" *Chicago Federal Reserve Letter* 297 (April 2012); Bhash Mazumder, "Estimating the Intergenerational Elasticity and Rank Association in the U.S.: Overcoming the Current Limitations of Tax Data," Working Paper 2014-04. (Chicago: Federal Reserve Bank of Chicago, September 2015). (www.chicagofed.org/publications/working-papers/2015/wp2015-04).

14 Isabel Sawhill, "Inequality and Social Mobility: Be Afraid," *Social Mobility Memos*(블로그), May 27, 2015. (www.brookings.edu/blog/social-mobility-memos/2015/05/27/inequality-and-social-mobility-be-afraid/).

15 Alan Krueger, "The Rise and Consequences of Inequality in the United Speech." 2012년 1월 12일 백악관 연설. (www.whitehouse.gov/sites/default/files/krueger_cap_speech_final_remarks.pdf).

16 Miles Corak, "Inequality from Generation to Generation: The United States in Comparison," *IZA* Working Paper 9929 (Bonn, Germany: IZA,

May 2016) (ftp.iza.org/dp9929.pdf).

17 '위대한 개츠비 곡선'에 대한 연구들을 일별한 자료는 다음을 참고하라. Brookings Institution's *Social Mobility Memos* collection of writings on the topic (www.brookings.edu/series/the-great-gatsby-curve/).

18 Pablo Mitnik, Erin Cumberworth, and David Grusky, "Social Mobility in a High-Inequality Regime," *The Annals of the American Academy of Political and Social Sciences* 663, no. 1 (January 2016): pp. 140~184.

19 예를 들어, 다음을 참고하라. Uri Dadush, Kemal Dervis, Sarah Milsom, and Bennett Stancil, *Inequality in America: Facts, Trends, and International Perspectives* (Brookings Institution Press, 2012); Branko Milanovic, *Global Inequality: A New Approach for the Age of Globalization* (Harvard University Press, 2016).

20 Markus Jäntti, Knut Roed, Robin Naylor, Anders Bjorklund, Bernt Bratsberg, Oddbjorn Raaum, Eva Osterbacka, and Tor Eriksson, "American Exceptionalism in a New Light: A Comparison of Intergenerational Earnings Mobility in the Nordic Countries, the United Kingdom and the United States," Working Paper 1938 (Bonn, Germany: IZA, January 2006) (ftp.iza.org/dp1938.pdf). 스웨덴의 계층 이동성에 대한 또 다른 연구에서, 상위 1퍼센트의 소득 탄력성은 0.83으로 전체 0.26과 차이가 컸다. 이 연구의 저자는 스웨덴이 "다수의 임금 노동자들에 대한 기회의 평등과 자본주의적 왕조들이 공존하는 사회"라고 결론 내렸다. 다음을 참고하라. Anders Bjorklund, Jesper Roine, and Daniel Waldenstrom, "Intergenerational Top Income Mobility in Sweden: Capitalist Dynasties in the Land of Equal Opportunity?" *Journal of Public Economics* 96 (February 2012): pp. 474~484.

21 Miles Corak, Matthew Lindquist, and Bhashkar Mazumder, "A Comparison of Upward and Downward Intergenerational Mobility in Canada, Sweden, and the United States," *Labour Economics* 30 (October 2014): pp. 185~200 (www.sciencedirect.com/science/article/pii/S0927537114000530).

22 Espen Bratberg, Jonathan Davis, Bhashkar Mazumder, Martin Nybom, Daniel Schnitzlein, and Kjell Vaage, "A Comparison of Intergenerational

Mobility Curves in Germany, Norway, Sweden and the U.S.," Working Paper, February 20, 2015. (folk.uib.no/secaa/Public/Trygd2014/InternationalMobilityCurves20Feb2 015.pdf).

23 Shai Davidai and Thomas Gilovich, "Building a More Mobile America—One Income Quintile at a Time," *Perspectives on Psychological Science* 10, no. 1 (January 2015): pp. 60~71.

24 S. M. Miller, "Comparative Social Mobility," in *Structured Social Inequality*, edited by Celia Heller (New York: Collier Macmillan Ltd., 1969).

25 Oleg Chuprinin and Denis Sosyura, "Family Descent as a Signal of Managerial Quality: Evidence from Mutual Funds," Working Paper 22517 (Cambridge, Mass.: National Bureau of Economic Research, August 2016) (www.nber.org/papers/w22517.pdf).

26 Benjamin Page, Larry Bartels, and Jason Seawright, "Democracy and the Policy Preferences of Wealthy Americans," *Perspectives on Politics* 11, no. 1 (March 2013): pp. 51~73.

27 John Rawls, *A Theory of Justice* (Harvard University Press, 1999), p. 118.

28 Richard Reeves, "Cracking the Glass Floor: Downward Mobility and the Politics of Redistribution," *Social Mobility Memos*(블로그), February 27, 2015 (www.brookings.edu/blogs/social-mobility-memos/posts/2015/02/27-cracking-glass-floor-downward-mobility-reeves).

29 코락의 연구팀은 2014년에 발표한 미국, 스웨덴, 캐나다를 비교한 연구에서 어떤 계층에 존재하는지에 따라 하향 이동성이 상이한 의미를 갖는다고 언급했다.

30 Richard Reeves, "The Glass-Floor Problem," *New York Times* Opinionator(블로그), September 29, 2013. (opinionator.blogs.nytimes.com/2013/09/29/the-glass-floor-problem/).

31 Yuval Levin, *The Fractured Republic: Renewing America's Social Contract in the Age of Individualism* (New York: Basic Books, 2016), p. 124.

5장

1 Theodore Roosevelt, "The Radical Movement Under Conservative Direction." 뉴헤이븐 상공 회의소에서 한 연설. December 13, 1910 (www.theodore-roosevelt.com/images/research/txtspeeches/792.pdf).

2 Christopher Hayes, *Twilight of the Elites: America after Meritocracy* (New York: Broadway, 2012), p. 40.

3 "A Hereditary Meritocracy," *The Economist*, January 21, 2015. (www.economist.com/news/briefing/21640316-children-rich-and-powerful-are-increasingly-well-suited-earning-wealth-and-power).

4 Debopam Bhattacharya and Bhashkar Mazumder, "A Nonparametric Analysis of Black-White Differences in Intergenerational Income Mobility in the United States," *Quantitative Economics* 2, no. 3 (November 2011): pp. 335~379.

5 Michael Young, *The Rise of the Meritocracy* (1958; repr., New Brunswick: Transaction Publishers, 1994), p. 166.

6 다음 보고서의 표 1.10을 참고하라. National Center for Education Statistics report, Erich Lauff and Steven Ingels, *Education Longitudinal Study of 2002 (ELS: 2002): A First Look at 2002 High School Sophomores 10 Years Later*, NCES 2014-363 (U.S. Department of Education, January 2014) (nces.ed.gov/pubs2014/2014363.pdf).

7 Young, *The Rise of the Meritocracy*, p. 96.

8 "Most See Inequality Growing, but Partisans Differ over Solutions," Pew Research Center, January 23, 2014 (www.people-press.org/2014/01/23/most-see-inequality-growing-but-partisans-differ-over-solutions/).

9 Clare Chambers, "Each Outcome is Another Opportunity: Problems with the Moment of Equal Opportunity," *Politics, Philosophy, and Economics 8*, no. 4 (November 2009): pp. 374~400. (ppe.sagepub.com/content/8/4/374. abstract).

10 Joseph Fishkin, "Bottlenecks: The Real Opportunity Challenge," *Social Mobility Memos* (blog), April 28, 2014 (www.brookings.edu/blogs/social-mobility-memos/posts/2014/04/28-

bottlenecks-real-opportunity-challenge).

11 Bernard Williams, "The Idea of Equality," in *Philosophy*, *Politics and Society*, edited by Peter Laslett and W. G. Runciman (Oxford: Basil Blackwell, 1962).

12 Hayes, *Twilight of the Elites*, p. 164.

13 다음을 참고하라. Anders Björklund and Markus Jäntti, "Intergenerational Mobility, Intergenerational Effects, Sibling Correlations, and Equality of Opportunity: A Comparison of Four Approaches," OECD Working Paper (Stockholm, Swed.: Stockholm University, April 8, 2016) (www.oecd.org/employment/emp/OECD-ELS-Seminar-Bj%C3%B6rklund-IntergenMobilityComparison.pdf). 다음도 참고하라. Florencia Torche, "Education and the Intergenerational Transmission of Advantage in the US," in *Education, Occupation and Social Origin: A Comparative Analysis of the Transmission of Socio-Economic Inequalities*, edited by Fabrizio Bernardi and Gabrielle Ballarino (Cheltenham: Edward Elgar Publishing, 2016).

14 다음을 참고하라. Hunter College High School College Profile report. (www.hunterpta.org/download?file=documents/HCHS-Profile-2012-2013.pdf).

15 Alia Wong, "The Cutthroat World of Elite Public Schools," *The Atlantic*, December 4, 2014.

16 Jon Andrews, Jo Hutchinson, and Rebecca Johnes, *Grammar Schools and Social Mobility*, report (Education Policy Institute, September 23, 2016) (epi.org.uk/report/grammar-schools-social-mobility/#).

17 다음에 인용됨. Sigal Alon, "The Evolution of Class In equality in Higher Education: Competition, Exclusion, and Adaptation," *American Sociological Review* 74, no. 5 (October 2009): pp. 731~755.

18 Raj Chetty, John N. Friedman, Emmanuel Saez, Nicholas Turner, and Danny Yagan. Online Table 4. "Mobility Report Cards: The Role of Colleges in Intergenerational Mobility." The Equal Opportunity Project, 2017.

19 Colo. Interstate Gas Co. v. Natural Gas Pipeline Co. of Am., 962 F.2d

1528 (10th Cir. 1989).

20 Alon, "The Evolution of Class Inequality."

21 다음을 참고하라. Robert Putnam, *Our Kids: The American Dream in Crisis* (New York: Simon and Schuster, 2015), p. 190 figure 4.7.

22 Richard Reeves and Kimberly Howard, "The Glass Floor: Education, Downward Mobility, and Opportunity Hoarding," Brookings, November 13, 2013 (www.brookings.edu/research/the-glass-floor-education-downward-mobility-and-opportunity-hoarding/).

23 U.S. Department of Education, "Education Department Releases College Scorecard to Help Students Choose Best College for Them," February 13, 2013 (www.ed.gov/news/press-releases/education-department-releases-college-scorecard-help-students-choose-best-college-them); 다음도 참고하라. Robert Kelchen, "Proposing a Federal Risk Sharing Policy," Lumina Foundation, September 2015 (www.luminafoundation.org/files/resources/proposing-a-federal-risk-sharing-policy.pdf).

24 Caroline Hoxby and Christopher Avery, "The Missing 'One-Offs': The Hidden Supply of High-Achieving, Low-Income Students," *Brookings Papers on Economic Activity* (Spring 2013), pp. 1~65.

25 Michael Petrilli and Dara Zeehandelaar, "How Career and Technical Education in High School Improves Student Outcomes," Thomas B. Fordham Institute, April 8, 2016.
(edexcellence.net/articles/how-career-and-technical-education-in-high-school-improves-student-outcomes); Tamar Jacoby, *The Certificate Revolution*. 다음 콘퍼런스에서 발표됨. Thomas B. Fordham Institute's Education for Upward Mobility Conference, December 2, 2014.
(opportunityamericaonline.org/wp-content/uploads/2014/12/The-Certification-Revolution.pdf).

26 Caroline Hoxby, "The Dramatic Economics of the U.S. Market for Higher Education," 2016 Martin Feldstein Lecture, July 27, 2016, National Bureau of Economic Research video.
(www.nber.org/feldstein_lecture_2016/feldsteinlecture_ 2016.html).

27 Stephen Burd, *Undermining Pell: Volume III: The News Keeps Getting Worse*

for Low-Income Students, report.

(New America, March 16, 2016) (www.newamerica.org/education-policy/policy-papers/undermining-pell-volume-iii/).

28 Stephen Burd, "Merit Aid Madness," *Washington Monthly*, September/October 2013.(washington monthly.com/magazine/septoct-2013/merit-aid-madness).

29 예를 들어 다음을 참고하라. "The 50 Best Private Colleges for Merit Aid," Money, 2016.

(new.time.com/money/best-colleges/rankings/best-colleges-for-merit-aid).

30 다음에 인용됨. Stephen Burd, "The Merit Aid Arms Race Heats Up at UW- Madison," New America, February 11, 2016 (www.edcentral.org/merit-aid/).

6장

1 Neal Gabler, "The Secret Shame of Middle-Class Americans," *The Atlantic*, May 2016.

2 Brink Lindsey and Steven Teles, *The Captured Economy: How the Powerful Become Richer, Slow Down Growth, and Increase Inequality* (Oxford University Press, 2017).

3 Debra Thomas and Terry Shepard, "Legacy Admissions Are Defensible, Because the Process Can't Be 'Fair,'" *Chronicle of Higher Education*, March 14, 2003 (www.chronicle.com/article/Legacy-Admissions-Are/32163).

4 David Azerrad, "How Equal Should Opportunities Be?" *National Affairs* 28 (Summer 2016): pp. 128~144.

5 Harry Brighouse and Adam Swift, *Family Values: The Ethics of Parent-Child Relationships* (Princeton University Press, 2016).

6 Ibid., p. 128. 강조 표시는 내가 한 것이다.

7 Ibid., p. 133.

8 Charles Tilly, *Durable Inequality* (University of California Press, 1998), p. 10.

9 Lee Anne Fennell, "Homes Rule." 다음에 대한 서평. *The Homevoter*

Hypothesis: How Home Values Influence Local Government Taxation, School Finance, and Land- Use Policies, by William A. Fischell, Yale Law Journal 112 (November 2002): p. 624 (www.yalelawjournal.org/pdf/353_7truk8nn.pdf).

10 "미국에서 이러한 법들은 삶의 근본적인 측면들을 결정하는 데까지 이어진다. 동네들의 여건이 어떻게 달라지는지, 누가 어디에 살고 그들의 아이들은 어느 학교에 다니는지와 같은 것들까지 말이다." Conor Dougherty, "How Anti-Growth Sentiment, Reflected in Zoning Laws, Thwarts Equality," *New York Times*, July 3, 2016.

11 Michael Lens and Paavo Monkkonen, "Do Strict Land Use Regulations Make Metropolitan Areas More Segregated by Income?" *Journal of the American Planning Association* 82, no. 1 (December 2015): pp. 6~21.

12 Peter Ganong and Daniel Shoag, "Why Has Regional Income Convergence Declined?" Hutchins Center Working Paper 21 (Brookings, July 2016). (www.brookings.edu/wp-content/uploads/2016/08/wp21_ganong-shoag_final.pdf).

13 Chang-Tai Hsieh and Enrico Moretti, "Why Do Cities Matter? Local Growth and Aggregate Growth," Working Paper, May 2015 (http://faculty.chicagobooth.edu/chang-tai.hsieh/research/growth.pdf).

14 Jason Furman, "Barriers to Shared Growth: The Case of Land Use Regulation and Economic Rents." 도시 연구소(Urban Institute)에서 한 연설(2015년 11월 20일)에서 언급됨. (www.whitehouse.gov/sites/default/?les/page/?les/20151120_barriers_shared_growth_land_use_regulation_and_economic_rents.pdf).

15 Ilya Somin, "Why More Liberal Cities Have Less Affordable Housing," *Volokh Conspiracy* (blog), November 2, 2014. (www.washingtonpost.com/news/volokh-conspiracy/wp/2014/11/02/more-liberal-cities-have-less-affordable-housing/?tid=a_inl&utm_term=.ee5b4e2dc3a1).

16 Jonathan Rothwell and Douglas Massey, "Density Zoning and Class Segregation in U.S. Metropolitan Areas," *Social Science Quarterly* 91, no. 5

(December 2010): pp. 1123~1143.

17 Fennell, "Homes Rule," p. 635.

18 Patrick Sharkey, "Rich Neighborhood, Poor Neighborhood: How Segregation Threatens Social Mobility," *Social Mobility Memos* (blog), December 5, 2013. (www.brookings.edu/blogs/social-mobility-memos/posts/2013/12/04-how-segregation-threatens-mobility).

19 Christopher Avery and Jonathan Levin, "Early Admission at Selective Colleges," *American Economic Review* 100, no. 5 (December 2010): pp. 2125~2156.

20 Daniel Golden, "How Did 'Less than Stellar' High School Student Jared Kushner Get into Harvard?" *The Guardian*, November 18, 2016.

21 Gillian Tett, "The Price of Admission," *Financial Times*, October 19, 2012.

22 The Crimson Staff, "A Losing Legacy," *Harvard Crimson*, May 28, 2015.

23 Elyse Ashburn, "At Elite Colleges, Legacy Status May Count More Than Was Previously Thought," *Chronicle of Higher Education*, January 5, 2011 (chronicle.com/article/Legacys-Advantage-May-Be/125812/).

24 Thomas Espenshade, Chang Chung, and Joan Walling, "Admission Preferences for Minority Students, Athletes, and Legacies at Elite Universities," *Social Science Quarterly* 85, no. 5 (December 2004): pp. 1422~1446.

25 "The Curse of Nepotism: A Helping Hand for Those Who Least Need It." *The Economist*, January 8, 2004. (www.economist.com/united-states/posts/200401/08/the-cusre-of-nepotism).

26 Jonathan Meer and Harvey Rosen, "Altruism and the Child Cycle of Alumni Donations," *American Economic Journal: Economic Policy* 1, no. 1 (February 2009): pp. 258~286.

27 Chad Coffman, Tara O'Neil, and Brian Starr, "An Empirical Analysis of the Impact of Legacy Preferences on Alumni Giving at Top Universities." 다음에 수록됨. *Affirmative Action for the Rich: Legacy Preferences in*

College Admissions, edited by Richard Kahlenberg (New York: Century Foundation Press, 2010), pp. 101~121.

28 Steve Shadawen, "Personal Dignity, Equal Opportunity, and the Elimination of Legaoy Preferences," *Rights Law Journal Civil*, Vo. 21, No. 1. P. 31, 2010.

29 Julie Zauzmer, "Z-Listed Students Experience Year Off," *Harvard Crimson*, March 30, 2010.

30 Ibid.

31 Aaron Smith, "Searching for Work in the Digital Era," Pew Research Center, November 19, 2015. (www.pewinternet.org/2015/11/19/searching-for-work-in-the-digital-era/).

32 A Resolution Supporting the Goals and Ideas of Take Our Daughters and Sons to Work Day, S. Res. 424, 114th Cong. (2016).

33 Barack Obama, "Expanding 'Take Our Daughters and Sons to Work Day,' " The White House, March 26, 2015. (www.whitehouse.gov/photos-and-video/video/2015/03/26/expanding-take-our-daughters-and-sons-work-day).

34 Charles Murray, *The Curmudgeon's Guide to Getting Ahead: Dos and Don'ts of Right Behavior, Tough Thinking, Clear Writing, and Living a Good Life* (New York: Crown Business Publishing, 2014).

35 National Association of Colleges and Employers, *The Class of 2014 Student Survey Report* (Bethlehem, Pa.: NACE, September 2014) (career.sa.ucsb.edu/files/docs/handouts/2014-student-survey.pdf).

36 Ibid.

37 "The Role of Higher Education in Career Development: Employer Perceptions." 다음에서 발표된 보고서. The Chronicle of Higher Education and Marketplace, December 2012. (www.chronicle.com/items/biz/pdf/Employers%20Survey.pdf).

38 "Generation i," *The Economist*, September 4, 2014.

39 Lindsey Gerdes, "Best Places to Intern," *Bloomberg News*, December 10, 2009.

(www.bloomberg.com/news/articles/2009-12-10/best-places-to-internbusinessweek-business-news-stock-market-and-financial-advice).

40   Michael Gibson, "The Ivy League Has Perfected the Investment Banker and Management Consultant Replicator," *Forbes*, February 7, 2014. (www.forbes.com/sites/michaelgibson/2014/02/07/the-ivy-league-has-perfected-the-investment-banker-and-management-consultant-replicator/#7a1fcaa34be9).

41   다음에 인용됨. Katie Shepherd, "Part-Time Jobs and Thrift: How Unpaid Interns in D.C. Get By," *New York Times*, July 5, 2016.

42   Julia Fisher, "Revealed: The Insiders Whose Kids Got White House Internships," *New Republic*, September 24, 2013 (newrepublic.com/article/114844/white-house-internships-go-kids-top-democrats).

43   "White House Summer Interns: It Never Hurts to Have Connections," *Washington Post*, July 12, 2013.

44   David Chen and Michael Barbaro, "To Get an Internship at City Hall, It's Not Always What You Know," *New York Times*, July 19, 2010.

45   Nikita Stewart, "2 New Interns at City Hall: Teen agers Named de Blasio," *New York Times*, August 7, 2014.

46   Reihan Salam, "Should We Care About Relative Mobility?" *National Review The Agenda*(블로그), November 29, 2011 (www.nationalreview.com/agenda/284379/should-we-care-about-relative-mobility-reihan-salam).

47   다음에 인용됨. Jake New, "Pedigree," Inside Higher Ed, May 27, 2015. (www.insidehighered.com/news/2015/05/27/qa-author-new-book-how-elite-students-get-elite-jobs).

48   Lauren Rivera, "Ivies, Extracurriculars, and Exclusion: Elite Employers' Use of Educational Credentials," *Research in Social Stratification and Mobility* 29, no.1 (January 2011): pp. 71~90.

49   J. D. Vance, *Hillbilly Elegy: A Memoir of Family and Culture in Crisis* (New York: Harper Collins, 2016), p. 213.

50   Richard Reeves, "Memo to the Boss: Follow the BBC's Lead and Measure Class Diversity, Too," *Social Mobility Memos*(블로그), July 1,

2016 (www.brookings.edu/blog/social-mobility-memos/2016/07/01/memo-to-the-boss-follow-the-bbcs-lead-and-measure-class-diversity-too/).

51 Sheryl Cashin, *Place not Race: A New Vision of Opportunity in America* (Boston: Beacon Press, 2014), pp. 10~11.

7장

1 Jacob Poushter, "Smartphone Ownership and Internet Usage Continues to Climb in Emerging Economies," Pew Research Center, February 22, 2016 (www.pewglobal.org/2016/02/22/smartphone-ownership-and-internet-usage-continues-to-climb-in-emerging-economies/).

2 Richard Reeves, "Bipartisanship in Action: Evidence and Contraception," *Social Mobility Memos*(블로그), May 13, 2016. (www.brookings.edu/blog/social-mobility-memos/2016/05/13/bipartisanship-in-action-evidence-and-contraception/).

3 Department of Health and Human Services, Centers for Disease Control and Prevention "Trends in Long-acting Reversible Contraception Use Among U.S. Women Aged 15-44," February 2015, Figure 2. (https://www.cdc.gov/nchs/data/databriefs/db188.pdf).

4 Department of Health and Human Services, "Results from the 2013 National Survey on Drug Use and Health: Summary of National Findings," September 2014, Figure 2.5. (www.samhsa.gov/data/sites/default/files/NSDUHresultsPDFWHTML2013/Web/NSDUHresultsAlts2013.htm#fig2.5).

5 Richard Reeves and Joanna Venator, "Sex, Contraception, or Abortion? Explaining Class Gaps in Unintended Childbearing," Brookings, February 2015. (www.brookings.edu/wp-content/uploads/2016/06/26_class_gaps_unintended_pregnancy.pdf).

6 Isabel V. Sawhill and Joanna Venator, "Proposal 3: Reducing Unintended Pregnancies for Low-Income Women," The Hamilton Project, June 16, 2014.

(www.hamiltonproject.org/papers/reducing_unintended_pregnancies_for_
low-income_women).

7   업스트림의 접근법은 이곳의 웹사이트를 참고하라(www.upstream.org/
impact/).

8   John Holohan, Matthew Buettgens, Caitlin Carroll, and Stan Dorn,
*The Cost and Coverage of the ACA Medicaid Expansion: National and State-
by-State Analysis*, Executive Summary 8384_ES (Washington: Kaiser
Commission on Medicaid and the Uninsured, November 2012).
(kaiserfamilyfoundation.files.wordpress.com/2013/01/8384_es.pdf);
Usha Ranji, Yali Bair, and Alina Salganicoff, "Medicaid and Family
Planning: Background and Implications of the ACA," Issue Brief, Kaiser
Family Foundation, February 3, 2016.
(kff.org/report-section/medicaid-and-family-planning-medicaid-
family-planning-policy/).

9   Jill Daugherty and Casey Copen, "Trends in Attitudes About Marriage,
Childbearing, and Sexual Behavior: United States, 2002, 2006-2010, and
2011-2013," *National Health Statistics Reports*, no. 92 (Hyattsville, Md.:
National Center for Health Statistics, 2016) (www.cdc.gov/nchs/data/
nhsr/nhsr092.pdf).

10   다음에 인용됨. Megan Verlee, "Dollars Running Out for Colorado Teen
Pregnancy Prevention Program," *Colorado Public Radio*, March 2, 2015.
(www.cpr.org/news/story/dollars-running-out-colorado-teen-
pregnancy-prevention-program).

11   다음에 인용됨. Katie McCrimmon, "Bill Allowing Public Funding for
IUDs Advances in Colorado House," *Health News Colorado*, February 25,
2015.
(www.healthnewscolorado.org/2015/02/25/bill-allowing-public-
funding-for-iuds-advances-in-colorado-house/).

12   가정 방문 관련 연구에 대한 요약은 다음을 참고하라. Department of
Health and Human Services, Summary of their research on home visiting.
(homvee.acf.hhs.gov/).

13   전미 아동 건강 조사(National Survey of Children's Health)에 대한 자

세한 자료는 다음에서 볼 수 있다. Data Resource Center for Child & Adolescent Health website (childhealthdata.org/learn/NSCH).

14 Rachel Herzfeldt-Kamprath, Meghan O'Toole, Maura Calsyn, Topher Spiro, and Katie Hamm, *Paying It Forward: New Medicaid Home Visiting Option Would Expand Evidence-Based Services*, report (Washington: Center for American Progress, November 2015). (cdn.americanprogress.org/wp-content/uploads/2015/10/30075012/HomeVisiting-reportB.pdf).

15 Dr. Cynthia Osborne (Director, Child and Family Research Partnership, University of Texas Lyndon B. Johnson School of Public Affairs). 나와 나눈 개인적인 인터뷰.

16 Robert Putnam, *Our Kids: The American Dream in Crisis* (New York: Simon and Schuster, 2015), p. 165.

17 다음에 인용됨. Emma Brown, "In 23 States, Richer School Districts Get More Local Funding than Poorer Districts," *Washington Post*, March 12, 2015.

18 Raj Chetty, John. N. Friedman, and Jonah E. Rockoff, "Measuring the Impacts of Teachers I: Evaluating Bias in Teacher Value-Added Estimtes," *American Economic Review* 104, no. 9 (September 2014): pp. 2533~2632.

19 Raj Chetty, John N. Friedman, and Jonah E. Rockoff, "Measuring the Impacts of Teachers II: Teacher Value-Added and Student Outcomes in Adulthood," *American Economic Review* 104, no. 9 (September 2014): pp. 2633~2679.

20 Alan Krueger, "Human Capital in the 21st Century," *Milken Institute Review*, January 2015. (www.milkenreview.org/articles/human-capital-in-the-21st-century?IssueID=11).

21 Penny Starr, "Education Secretary: Give Teachers in Poor Communities 50 Percent Raise by Releasing Half of Non-Violent Criminals from Jail," *CNS News*, October 2, 2015. (www.cnsnews.com/news/article/penny-starr/education-secretary-give-teachers-poor-communities-50-percent-raise).

22 교사 유인 펀드의 취지는 교육부가 제시한 설명을 참고하라.
(www2.ed.gov/programs/teacherincentive/index.html).

23 Charles Clotfelter, Elizabeth Glennie, Helen Ladd, and Jacob Vigdor, "Would Higher Salaries Keep Teachers in High-Poverty Schools? Evidence from a Policy Intervention in North Carolina," *Journal of Public Economics* 92, no. 5 (June 2008): pp. 1352~1370.

24 Brian Jacob, "The Power of Teacher Selection to Improve Education," Brookings, March 11, 2016.
(www.brookings.edu/research/the-power-of-teacher-selection-to-improve-education/).

25 Philip Cook, Kenneth Dodge, George Farkas, Roland Fryer, Jonathan Guryan, Jens Ludwig, Susan Mayer, Harold Pollack, and Laurence Steinberg, "Not Too Late: Improving Academic Outcomes for Disadvantaged Youth," Working Paper 15-01 (Evanston, Ill.: Institute for Policy Research Northwestern University, February 2015).
(www.ipr.northwestern.edu/publications/docs/workingpapers/2015/IPR-WP-15-01.pdf).

26 Adam Looney and Constantine Yannelis, "A Crisis in Student Loans? How Changes in the Characteristics of Borrowers and in the Institutions They Attended Contributed to Rising Loan Defaults," *Brookings Papers on Economic Activity* (Fall 2015): pp. 1~89.
(www.brookings.edu/wp-content/uploads/2015/09/Looney TextFall15BPEA.pdf).

27 Susan Dynarski, "How to Make College Affordable: Income-Based Loan Repayments," *Social Mobility Memos* (blog), October 28, 2015.
(www.brookings.edu/blog/social-mobility-memos/2015/10/28/how-to-make-college-affordable-income-based-loan-repayments/).

28 수전 디나르스키와 주디스 스콧클레이튼은 장학금 지원 서류에서 질문의 90퍼센트를 삭제해도 펠 그랜트 장학금(연방 정부가 지원하는 저소득층 고등 교육 장학금) 금액에서 차이는 1년에 겨우 54달러 정도가 될 것이라고 지적했다.

29 Michael Mitchell, Michael Leachman, and Kathleen Masterson, "Funding

Down, Tuition Up: State Cuts to Higher Education Threaten Quality and Affordability at Public Colleges," Center on Budget and Policy Priorities, August 15, 2016. (www.cbpp.org/research/state-budget-and-tax/funding-down-tuition-up).

30 신대학 협약은 클린턴의 선거 운동 본부 웹사이트를 참고하라. (www.hillaryclinton.com/briefing/factsheets/2015/08/10/college-compact-costs/).

31 Matthew Chingos, "Jeb Bush's Student Loan Plan Should Outlive His Campaign," Brookings, February 11, 2016. (www.brookings.edu/research/jeb-bushs-student-loan-plan-should-outlive-his-campaign/).

32 Darrell West, "Community Colleges: America's Forgotten Institutions of Higher Education," Brookings, February 1, 2010 (www.brookings.edu/opinions/community-colleges-americas-forgotten-institutions-of-higher-education/).

33 Richard Reeves and Quentin Karpilow, "Community College May Hold the Key to Social Mobility," *Social Mobility Memos*(블로그), October 21, 2013. (www.brookings.edu/blog/social-mobility-memos/2013/10/21/community-college-may-hold-the-key-to-social-mobility/).

34 The Century Foundation Task Force on Preventing Community Colleges from Becoming Separate and Unequal, *Bridging The Higher Education Divide* (New York: The Century Foundation Press, 2013). (s3-us-west-2.amazonaws.com/production.tcf.org/app/uploads/2013/05/23060015/20130523-Bridging_the_Higher_Education_Divide-REPORT-ONLY-9.pdf).

35 Jennifer Gonzalez, "Combining Remedial Coursework with Credit Classes Helps Students Succeed, Report Says," *Chronicle of Higher Education*, April 18, 2012 (www.chronicle.com/blogs/ticker/combining-remedial-coursework-with-credit-classes-helps-students-succeed-new-report-says/42425).

36 Edward Rodrigue and Richard Reeves, "Memo to Hillary Clinton:

More Choice Can Thwart Community College Students," *Social Mobility Memos*(블로그), August 12, 2015.
(www.brookings.edu/blog/social-mobility-memos/2015/08/12/memo-to-hillary-clinton-more-choice-can-thwart-community-college-students/).

37 Richard Reeves and Edward Rodrigue, "Transfer Season: Lowering the Barrier Between Community College and Four-Year College," *Social Mobility Memos*(블로그), June 21, 2016
(www.brookings.edu/blog/social-mobility-memos/2016/06/21/transfer-season-lowering-the-barrier-between-community-college-and-four-year-college/).

38 Joint Committee on Taxation, "Background and Present Law Relating to Tax Benefits for Education," report JCX-70-14. 상원 금융위원회 청문회 발표 자료. July 23, 2012
(www.jct.gov/publications.html?func=startdown&id=4621).

39 Aaron Klein and Richard Reeves, "New Coollege Endowment Tax Won't Help Lowrincome Students, Here's How It Could," Social Mobility Memos (blog), February 22, 2018.
(www.brukings.edu/blog/Social/mobility/memos/2018/02/22/new-colleg-endowment-tax-wont-help-low-income-students-heres-how-it-could/).

40 Charles E. Grassley, "Wealthy Colleges Must Make Themselves More Affordable," *Chronicle of Higher Education*, May 30, 2008.

41 Margot Crandall-Hollick, *Higher Education Tax Benefits: Brief Overview and Budgetary Effects* (CRS Report No. R41967) (Congressional Research Service, February 1, 2016).
(fas.org/sgp/crs/misc/R41967.pdf); 다음도 참고하라. Libby Nelson, "Obama Doesn't Want to Tax College Savings Plans After All," *Vox*, January 27, 2015.
(www.vox.com/2015/1/27/7925273/obama-doesnt-want-to-tax-college-savings-plans-after-all).

42 고등 교육 세액 공제(American Opportunity Tax Credit)에 대해서는 국

세청(IRS)의 설명을 참고하라. (www.irs.gov/individuals/aotc).

43   다음을 참고하라. Tennessee Higher Education Commission's Outcomes
     Based Funding Formula. (www.tn.gov/thec/topic/funding-formula-
     resources).

44   주택 도시 개발부(Department of Housing and Urban Development)의
     AFFH 규칙에 대한 설명을 참고하라. (www.hudexchange.info/programs/
     affh/).

45   Will Fischer, "New Housing Voucher Policy Would Broaden
     Opportunity," *Off the Charts*(블로그), June 16, 2016
     (www.cbpp.org/blog/new-housing-voucher-policy-would-broaden-
     opportunity).

46   Matthew Yglesias, "A Massachusetts State Legislator Has a Big
     Idea to Ease the Urban Rent Crisis," *Vox*, April 6, 2016 (www.vox.
     com/2016/4/6/11370258/honan-zoning-reform-bill).

47   Richard Reeves and Dimitrios Halikias, "How Land Use Regulations
     are Zoning Out Low- Income Families," *Social Mobility Memos*(블로그),
     August 16, 2016.
     (www.brookings.edu/blog/social-mobility-memos/2016/08/16/zoning-
     as-opportunity-hoarding/).

48   Amanda Kolson Hurley, "Will U.S. Cities Design Their Way Out of
     the Affordable Housing Crisis," Next City, January 18, 2016. (https://
     nextcity.org/features/view/cities-affordable-housing-design-solution-
     missing-middle).

49   Lee Anne Fennell, "Homes Rule," review of *The Homevoter Hypothesis:
     How Home Values Influence Local Government Taxation, School Finance,
     and Land-Use* Policies, by William A. Fischell, Yale Law Journal 112
     (November 2002): p. 662 (www.yalelawjournal.org/pdf/353_7truk8nn.
     pdf).

50   "Bush Opposes 'Legacy' College Admissions," *CNN*, August 6, 2004.
     (www.cnn.com/2004/ALLPOLITICS/08/06/bush.legacy/).

51   Richard Kahlenberg, "10 Myths about Legacy Preferences in College
     Admissions," *Chronicle of Higher Education*, September 22, 2010. (www.

chronicle.com/article/10-Myths-About-Legacy/124561/).

52 다음에 인용됨. Richard Kahlenberg, *Affirmative Action for the Rich* (New York: The Century Foundation Press, 2010), p. 67.

53 Carlton Larson, "Titles of Nobility, Hereditary Privilege, and the Unconstitutionality of Legacy Preferences in Public School Admissions," *Washington University Law Review* 84, no. 6 (2006): p. 1382 (openscholarship.wustl.edu/cgi/viewcontent.cgi?article=1215&context=law_lawreview).

54 Kahlenberg, *Affirmative Action for the Rich*, p. 15.

55 Darren Walker, "Internships Are Not a Privilege," *New York Times*, July 5, 2016.

56 Ross Eisenbrey, "Unpaid Interns Fare Worse in the Job Market," Economic Policy Institute, July 6, 2016 (www.epi.org/publication/unpaid-interns-fare-worse-in-the-job-market/).

57 Kathryn Anne Edwards and Alexander Hertel-Fernandez, "Not-So-Equal Protection—Reforming the Regulation of Student Internships," Policy Memo 160 (Washington: Economic Policy Institute, April 9, 2010) (www.epi.org/publication/pm160/).

58 Diana Furchtgott-Roth, "Good News on Internships From the Second Circuit," *Economics21*(블로그), July 6, 2015 (www.economics21.org/html/good-news-internships-second-circuit-1391.html).

59 Derek Thompson, "Work Is Work: Why Free Internships Are Immoral," *The Atlantic*, May 13, 2012 (www.theatlantic.com/business/archive/2012/05/work-is-work-why-free-internships-are-immoral/257130/)

60 Samuel Scheffler, *Boundaries and Allegiances: Problems of Justice and Responsibility in Liberal Thought* (Oxford University Press, 2001), p. 123.

61 Cahal Milmo, "'Don't Help Your Children Find a Job,' Says Social Mobility Tsar James Caan-The Man Who Employed his Own Daughters," *The Independent*, June 4, 2013 (www.independent.co.uk/news/uk/politics/dont-help-your-children-

find-a-job-says-social-mobility-tsar-james-caan-the-man-who-employed-his-own-8643376.html).

62 Department for Business, Energy and Industrial Strategy, "Social Mobility Business Compact," policy paper, June 1, 2015(www.gov.uk/government/publications/social-mobility-business-compact-about-the-compact/social-mobility-business-compact).

63 Congressional Budget Office (CBO), "The Distribution of Household Income and Federal Taxes, 2013," publication 51361, June 8, 2016 (www.cbo.gov/publication/51361).

64 William Gale, Melissa Kearney, and Peter Orszag, "Would a Significant Increase in the Top Income Tax Rate Substantially Alter Income Inequality?" Brookings, September 2015 (www.brookings.edu/wp-content/uploads/2016/06/would-top-income-tax-alter-income-inequality.pdf).

65 William Gale and Benjamin Harris, "Reforming Taxes and Raising Revenue: Part of the Fiscal Solution," *Oxford Review of Economic Policy* 27, no. 4 (Winter 2011): pp. 563~588.

66 여기에는 다음과 같은 것들이 포함된다. 과세 대상 소득에서 제외(고용주가 지불한 의료 보험료, 순 연금 불입액과 연금 수익, 사망 시 물려줄 재산에 대한 자본 이득, 사회 보장비 및 철도 종업원 연금 일부), 항목별 공제(주세와 지방세 일부, 모기지 이자 지출, 기부금), 금융 및 배당 소득에 대한 우대 세율 적용, 세액 공제(근로 장려 세액 공제, 아동 세액 공제).

67 William Gale and Aaron Krupkin, "Major Tax Issues in 2016," in *Campaign 2016: Eight Big Issues the Presidential Candidates Should Address*, edited by Ron Haskins (Brookings: November 2015 (www.brookings.edu/wp-content/uploads/2016/07/wholedocument100715.pdf).

68 Lily Batchelder, Fred Goldberg, and Peter Orszag, "Effciency and Tax Incentives: The Case for Refundable Tax Credits," *Stanford Law Review* 59, no. 1 (2006): pp. 23~76.

69 Karen Dynan, "Proposal 6: Better Ways to Promote Saving through the Tax System," The Hamilton Project, February 25, 2013.

(www.hamiltonproject.org/assets/legacy/files/downloads_and_links/
THP_15WaysFedBudget_Prop6.pdf).

70 Martin Feldstein, Daniel Feenberg, and Maya MacGuineas, "Capping
Individual Tax Expenditure Benefits," Working Paper 16921 (Cambridge,
Mass.: National Bureau of Economic Research, April 2011)
(crfb.org/sites/default/files/Capping_Individual_Tax_Expenditure_
Benefits.pdf).

71 James Ziliak, "Supporting Low-Income Workers through Refundable
Child-Care Credits," Brookings, June 19, 2014 (www.brookings.edu/
research/supporting-low-income-workers-through-refundable-child-
care-credits/).

72 Wendy Wang, "Public Says a Secure Job is the Ticket to the Middle
Class," Pew Research Center, August 31, 2012 (www.pewsocialtrends.
org/2012/08/31/public-says-a-secure-job-is-the-ticket-to-the-
middle-class/).

73 Ezra Levin, "Upside Down: Homeownership Tax Programs," Corporation
for Enterprise Development, September 2014 (cfed.org/Upside_Down-
Housing_FINAL.pdf).

74 David Kamin, *Taxing Capital: Paths to a Fairer and Broader U.S. Tax System*,
report (Washington Center for Equitable Growth, August 10, 2016)
(equitablegrowth.org/report/taxing-capital/).

75 유산세에 대한 국세청의 설명을 참고하라(www.irs.gov/businesses/small-
businesses-self-employed/estate-tax).

76 Richard Reeves, "Wealth, Inequality, and the 'Me? I'm Not Rich!'
Problem," Brookings, February 27, 2015
(www.brookings.edu/opinions/wealth-inequality-and-the-me-im-not-
rich-problem/).

77 Angus Deaton, "Through the Darkness to a Brighter Future," in *In 100
Years: Leading Economists Predict the Future*, edited by Ignacio Palacios-
Huerta (MIT Press, 2013).

8장

1 상시 인구 조사(Current Population Survey)의 11월 보충 자료에는 연간 가구 소득 데이터가 포함되어 있지 않기 때문에, 우리는 각 가구 구성원의 주간 소득을 더해서 소득 집단을 구분했다. 예를 들어 어느 가구가 1인 가구이면 그 사람의 주간 소득으로 소득 집단을 구분했고, 2인 가구이면 그들의 주간 소득을 더하고 그 합에 따라 두 사람 모두를 같은 범주로 분류했다. 그다음에 응답자 중 40~50세 시민을 다시 분류해 투표 성향을 분석했다.

2 Bertrand Russell, *Power: A New Social Analysis* (London: George Allen & Unwin, 1938), p. 140.

3 Charles Murray, *Coming Apart: The State of White America, 1960-2010* (New York: Random House, 2012), p. 310.

4 Robert Putnam, *Our Kids: The American Dream in Crisis* (New York: Simon and Schuster, 2015), p. 229.

5 Richard Hofstadter, *The Age of Reform: From Bryan to F.D.R.* (New York: Vintage Books, 1955), p. 207.

감사의 말

이 책은 제가 지난 몇 년간 브루킹스 연구소에서 수행한 연구 내용을 바탕으로 했습니다. 많은 전·현직 동료들에게 지원과 격려와 조언을 받았습니다. 특히 다음 동료들에게 감사를 전합니다. 테드 게이어, 론 해스킨스, 에드워드 로드리그, 스콧 윈십, 게리 버트리스, 조애나 베네이터, 킴벌리 하워드, 네이선 주, 디미트리오스 할리키아스, 알레그라 포신키, 드레이니 패리시, 엘리너 크라우스, 데이비드 웨셀, 그리고 특히 이사벨 소힐. 웨스트체스터 출판사의 킴 지암바티스토와 브루킹스 연구소 출판부의 발렌티나 칼크, 윌리엄 피넌, 엘리엇 비어드, 캐리 엔젤에게도 감사를 전합니다. 책에 오류가 있다면, 알려 주시기 바랍니다. 누구 책임인지 알아내 볼게요.

20
VS
80의 사회

상위 20퍼센트는 어떻게 불평등을 유지하는가

1판 1쇄 펴냄 2019년 8월 23일
1판 10쇄 펴냄 2024년 4월 11일

지은이   리처드 리브스
옮긴이   김승진
발행인   박근섭·박상준
펴낸곳   (주)민음사

출판등록   1966. 5. 19. 제16-490호
서울시 강남구 도산대로 1길 62(신사동)
강남출판문화센터 5층(06027)
대표전화   02-515-2000 | 팩시밀리 02-515-2007
홈페이지   www.minumsa.com

한국어판 ⓒ (주)민음사, 2019. Printed in Seoul, Korea
ISBN 978-89-374-4358-9 (03330)